Ning, Mangla,
kala Phasa: Volume 1

Ngakheikhang kahai Ithum "Khalatta" Hiwui Rinchan

Ning, Mangla, kala Phasa: Volume 1

Dr. Jaerock Lee

Spirit, Soul, and Body: Volume 1 by Dr. Jaerock Lee
Published by Urim Books (Representative: Johnny. H. Kim)
235-3, Guro-dong 3, Guro-gu, Seoul, Korea
www.urimbooks.com

All rights reserved. This book or parts thereof may not be reproduced in any form, stored in a retrieval system, or transmitted in any form or by any means, electronic, mechanical, photocopying, recording or otherwise, without prior written permission of the publisher.

Unless otherwise noted, all Scripture quotations are taken from the Holy Bible, NEW AMERICAN STANDARD BIBLE, *, Copyright © 1960, 1962, 1963, 1968, 1971, 1972, 1973, 1975, 1977, 1995 by The Lockman Foundation. Used by permission.

Copyright@ 2012 by Dr. Jaerock Lee
ISBN: 979-11-263-1312-9 03230
Translation Copyright @ 2012 by Dr. Esther K. Chung. Used by permission.

Previously published into Korean by Urim Books in 2009

First Published July 2012

Edited by Dr. Geumsun Vin
Designed by Editorial Bureau of Urim Books
For more information contact: urimbook@hotmail.com

Foreword

Khangacha eina mikumohi kala khamahai kala ringkapha mirinli okthuingai serra. Kha athumna pheisa, pangshap kala khayā leilala khipanakha kathili mamakanrar mana. Ancient Chinawui First Emperor Shir Huang-dina mathikhavai thingna rahawui eina ari akha phashokka, thalala thipapam haowa. Kha Biblena katang makhavai mirinchi samphang khavai tamchitheiya. Hiwui mirin hiya Jesu Christawui cina samphanga.

Ina Jesu Christali khuisanglaga Bible pakaphok eina seiha sada Varewui kathukka ningpamchi theiphokka. Ina kakhum eina seiha samamanda zingkum kashini kakashung eina Varena ngahankami. Ina church haophok kahaiwui thili Mangla Katharawui manga eina Biblewui kathukka tui tarakha ili maikhaimi, chiwui alungli khamataiya chiya 'Ning, Mangla, kala Phasa' hina. Ngakheikhang kahai khararchan hina mikumowui haokaphok kala ithum khatta hiwui maramli theikhui ngasakka. Hi ina kachilikhawui eina mashalakrang kachi tuipongna kala hi kathei eina mahang kharar ringkapha samphanga.

Ina ning, mangla, kala phasa hiwui maramli khamatui tharan Korea kala apam kateiwui eina testimony eina ngasoda mi tarakhana ngahankai. Mi kachungkhana athum khalattawui maramli phap kata samphanga, kala chiwui eina khamashunga mirinwui vang kasakka Bible tui chila phap kata samphang ngarok haowa. 2 Peter 1:4li "Hithada sada okathuili leida khalei sashiman kapai khamathangwui eina yamshokpai khavai kala Varewui tharkhamatheng khangacha chili ngarumpai khavai ana ngashitmi kahai kasakka lemmetchi mihaira" da kapi kahai thada kachi kathana tharkhamatheng chili ngarum kashappa mi akha ngasa haorada kachiwui kachihanla leingarok haowa.

Sun Tzu's The Art of War china nathumna khalatta kala yangkashiyawui maramli theikazak akha mamaishilak marada hanga. "Ning, Mangla, kala Phasa" hiwui message hina ithum 'Khalatta' kala mikumo haokaphokwui maramli thuklak eina hangchitheimi. Ithumna hi mathalak eina theishap haikha ithum kachi katha miyur khala kachila theishapra. Laga ithumna

Foreword

tangkhamangwui pangshap chilila yuikhuida vareshi mirinli kharing samphangra.

Director of Editorial Bureau Geumsun Vin kala lairik-hi phongkhavai ot kasabingli ina ningshi kachang khatda. Athum saikora ot kasa kachivali khamahai samphangra kala Varewui kathar chili ngarumda athumwui mangla tacham taram kahai samphangra kachihi ina shitsanga.

June 2009,
Jaerock Lee

Ning, Mangla, kala Phasa hiwui Haokaphok Shongza

"Ithum Proho Jesu Christa rathanghon nathumli khipanakha kaphen malei khavai chingri kahai khami Varena nathumli apong aning anangvali tharchao miranu kala nathumwui manglala, ningla kala phasala mayonmi ranu" (1 Thessalonians 5:23).

Theologian bingna mikumowui dichotomous kala trichotomous theory wui maramli ngayātpamma. Dichotomous theoryna mikumohi ning kala phasa khani hina semma, kha trichotomous theorynava ning, mangla, kala phasa kathum hina semma da hanga. Hithada lairik-hi trichotomous theoryli pheisin sara.

Khangacha eina thangmet-hi mikumo kala Varewui maramli kathei thangmet khanihi lei. Hithada ithumna okathuili ringlaga Vareli katheiwui thangmet-hi matailakka. Ithumna Varewui ningkachang sada kahang nganakha khamahai kala katang makhavai mirinli kharing samphangra.

Mikumoli Varewui zakyui khuida semkahai vang Vare mazangla maringrar mana. Vare mazangla mikumona athumwui haokaphok maramli matheirar mana. Vareli kathei manga mang eina ithumwui haokaphok maramli theishapra.

Ning, mangla, kala phasa hiwui maramli mikumo ithumwui

thangmet manga mang eina matheishing khuirar mana. Hi Vare mangna theingasakshappa. Hi computer kasempa mangna chiwui akai akap theikashap kathana. Hi ning, mangla, kala phasawui pongli mathada chitheikashap fourth dimensionwui lairikna.

Azingwui marambinghi lairik-hi kapabingna theira:

1. Ning, phasa, kala mangla theishing kakhui manga eina lairik-hi kapabingna mikumowui "khalatta" hiwui maramli phap tashing kakhui samphangra.

2. Athumna kachi katha miyur khala kachi theira. Pao kazatda Paulna I Corinthians 15:31ll "I thangkachida thinakchinga" da kahang thada lairik-hi kapa bingli Varewui ningkachang mirinwui shongfa chithei mira.

3. Makapha chipee Satanwui khalenli maman mara, kha tangkhamangwui pangshapli yuikhuida khalattawui maramli kathei samphangra. Jesuna "Kathara lairikli kapi kahaihi mashimanda mashunga kachi ithumna thei, kala Varena chikatha bingli kameonao hoi, chikatha bingli ana awui chanpao miya" (John 10:35) da hangkahai thala lairik hina Vareli khangarum eina sokhami samkaphang maramli kasha shongfa chitheimira.

Ning, Mangla, kala Phasa: Volume 1
Table of Contents

Foreword

Ning, Mangla, kala Phasa hiwui Haokaphok Shongza

Part 1 Phasa Kasem

Chapter 1 Phasawui Maramli Theikakhui

Chapter 2 Apuk Apakva Kasem
1. Ngakheikhang kahai Khangapak
2. Phasa eina Manglawui Apong
3. Mikumoli Ning, Mangla kala Phasa

Chapter 3 Mikumo Phasawui Apong
1. Mirinwui Atha
2. Mikumohi kathada raleihao khala?
3. Ningchuk
4. Phasawui Otsak
5. Huikakhui

Part 2 Mangla Kasem
(Phasali Manglana Ot Kasa)

Chapter 1 Mangla Kasem
1. Manglawui Aongli Theikakhui
2. Phasali Manglana Apong Kachungkhali Ot Kasa
3. Tangkhamang

Chapter 2 Khalatta

Chapter 3 Phasawui Otbing

Chapter 4 Ningwui Level Makanda

Part 3 Mangla Khamathuk Samkaphang

Chapter 1 Mangla elna Manglana Kachipui

Chapter 2 Varewui Haokaphok Ningrin

 Ning, Mangla, kala Phasa: Volume 1

Part 1

Phasa Kasem

Mikumowui haokaphok khikhala?
Ithum kachiwui eina rada kali vara khala?

Iwui alungshongla nana sai;
Ishavawui wuklungli leilaga,
Nana sakazazak kahaina.
Nava khangacheewui zak,
Matakhak kahaiyana da ina soi,
Nawui ot matakhak kahai manga!
Ili nana theikazazak hai.
Ngathumda ili kasa tharan,
Iphasa naa theiserra;
Okathui kathukkawui alungli,
Ningmanolak eina sakakhuina.
Izak mashokrang lakha namikna theiser hairasai;
Iwui zingkum saikora nawui lairikli kapihairasai;
Saikorachi masemrang lakha.
Laa 139:13-16

Chapter 1
Phasawui Maramli Theikakhui

Ngalei eina semkakhui mikumowui phasa, mikumowui kasha kazā, mikna kathei, khanāna kasha, khamathan ringkapha saikorahi phasawui maram serra.

Phasahi Khikhala?

Mikumohi Phasali Tanghaikha Matik Maleimana kala Amanla Maleimana

Okathuiwui Ot Katongahi Dimension Ngatatei serra

Chuikhamei Dimensionna Nemkhamei Dimensionli Munga kala Control sai

Mikumo thotchan peida 'Mikumohi khikhala? kachiwui answer phangarokta lei. Chiwui answerbing china ithumli khiwui vang kharing kala ithum kathada ringra khala kachiwui answerla ngasai. Mikumowui maramli philosophy eina religionwui khangachon eina thuklak eina phai, research sai kala chukmajaya, kha pailak kahai answer masamphangrar mana.

Thalala mikumona athumhi kachi katha mi khala kala I khipa khala kachiwui answer laklui lakluida phapamma. Hiwui answer phakapamwui kakhalatva mikumona kharing kharakwui maramli theikhui khaleo chiwui problem solve sashap khavaina. Kha hiwui maramli Vare maningla okathuiwui theikakhuina mangahankarar mana. Ana okathui, chiwui alungli khalei ot katonga kala mikumoli semkakhuina. Varewui ngahankaka china khamashungana. Hiwui answer samphang khavai Varewui tui Bibleli samphangra.

Theorist bingna mikumohi 'mangla' kala 'phasa' akhum khani shokta chithei. Ningchukwui akhum hili 'Ning' da theikhui kala mik eina theikapai alik alak hiliya 'Phasa' da theikhui. Kha

3

Biblenava mikumohi ning, mangla, kala phasa da akhum kathum khaihai.

1 Thessalonians 5:23li kapihai, "Ithum Proho Jesu Christa rathanghon nathumli khipanakha kaphen malei khavai chingri kahai khami Varena nathumli apong aning anangvali tharchao miranu kala nathumwui manglala, ningla kala phasala mayonmi ranu."

Ning eina mangla mangarai mana. Aming mangla maning mana, kha aniwui khangatei leipapamma. Hithada mikumohi kathalak khala kachihi theikhavai phasa, mangla, kala ning khikhala kachihi theiphalungki kachili tai.

Phasahi Khikhala?

Rimeithuida dictionaryna phasali khi hangkhala kachi yangsa. Merriam-Webster Dictionaryna arakui kala akhri akhara maningla asa chili hanga. Chi shaikapai asa chilila hanga. Kha Biblewui athishurda phasawui kakhalat theisa chikha dictionary maningla manglawui apong eina yangra.

Bibleli phasa eina asāwui maramli tarakha shida kapihai. Katongachi manglawui apong eina kapihai. Mangla eina phasa kachi hiya shiman kapai kala ngachei kapai chili kahangna. Laga phasa hiya khamakhaowa ot kathana. Matekchim kahai thingrong bingchi thengda thihaora laga thingphang bingchi meithing ngasa haora. Hithada atam thuimaman thingrong kala thingna raha bingchi thengda shiman haora. Phasala hithai.

Varena kasem ot katongawui akhava sakhavai mikumo hiya katha khala? Aruihon atamli okathuiwui mihi million 7 leidalei. Kaikhana thida lei kala kaikhali pharada lei. Mibingna thihailaga chifa ngasa haowa, kaja mi hiya phasana. Langmeida kasha kaza, tui, alphabet kala mikumowui darker kasa scientific eina techonologywui otbing chila shiman kapai phasa kathana. Athumna atamwui athishurda ngacheida shiman haowa. Hithada ithumwui mik eina kathei okathuili khalei thongthang katonga phasanada ithumna theikhuiya.

Varewui eina ngapākthui kahai mikumohi phasa khavaiyana. Athumli phasana semma. Hithada phasa hina kathada reisangda khi phakhala? Phasa hina mikwui kakahao kala langsot mangli phai. Mikumowui reikasang civilization hila phasawui penkhavaina. Rarsang maman kala atam ngachei maman mikumona athumwui ringphakhavai apongli phazatda. Hithada reisang maman mibingna makhao maman haowa.

Mik eina theikapai phasa khalei thada matheikapai phasala leipapamma. Ningkakachai, ngayat khangarok, kakharam, mi sakathat, shām kasa kala moreili khangasun saikorahi phasawui apongna da Biblena hanghai. Won nganam kala masili mikna makathei thada mikumowui wuklung hilila mikna makathei morei lei. Saikorahi phasawui apongna. Hithada phasa kachi hiya okathuili khalei ngachei kapai, shiman kapai ot kala makapha, makhamashung kala ain makhalei ot hikathatha hina.

Romans 8:8li hanga, "Phasawui athishurda kazata athumna Vareli ningyang maung ngasakrar mana." Hangda khalei phasa kachihi mikumoli kahangna chikha khipakhana Vareli ningyang maung ngasakrar mana kachina. Hithada hiwui kakhalat kateila leifara.

Jesuna John 3:6li hanga, "Phasana kapharachi phasana, kala manglana kapharachi manglana," kala John 6:63 lila hanga, "Kharinghi Varewui manglana khamina, kha phasa hiya aremana, ina nathumli hangkahaichi Mangla kala kharingana." Hili hangda khalei 'Phasa' kachihi ngacheikapai ot ngasahaida khikhala matongvai mana kachiwui vang Jesuna chithada kahangna.

Mikumohi phasali kupsanghaikha khikha aman malei mana

Sayur thada masala mikumo hiya ningchuk ngavahaokida aman khavaiya ot phathaya. Kha chila phasawui apongli vaihaowa. Mikumona aman khaleina da phaningda khalei lan, aming kazat, kala theithang khamei saikora hila aremana, shimanser haora. Kha 'Leikashi' hiliya khina chira? Mi khani leishi ngarok haikha ani maokthui ngarumla mapampai mana da hanga. Kha parei gaharla ning ngachei papamma. Athumla khikha akhawui eina machangarok mada kahar khangarok ngavai. Hikatha ningwui khangachei hila phasawui apongna. Mikumona phasali tanghaikha sayur vayur kala thingna rahali mangatei mana. Hithada Varewui miktali ot katongahi shiman kapai serra.

1 Peter 1:24li hanghai, "Mikumo saikora khawo kathana. Athumwui tekhamatei awon kathana. Khawola ngahui kala awonla patai" kala James 4:14 lila hithada hanghai, "Nathumwui mirinli akhama khi shokra khala da mathei mana. Nathum hiya kashakhawui vang ngachilaga shiman kahai leichui kathana."

Varewui tui eina ngapāk kahai vang phasa kala ning hiya aremana. Awunga Solomon mi akhana ningkachang saikora chili ngahomda ringphakhui, kha arema ngasa haoda ana hithada hanga, "'Aremawui arema,' ... 'aremawui arema! Saikora aremana.' Okathuili ngalang kazar eina mikumona khi tongkhui khala?" (Hashokme 1:2-3)

Okathuili khalei ot katongawui dimension ngatateiya

Physics kala mathematicswui dimensionhi spacewui position akhum kathumwui eina akhum akhana hithaya kachichi chitheimi. Line akhali coordinate kasa point akhachi dimension akhana. Planeli khalei pointwui coordination khani china dimension khanina. Hithada spaceli khalei point akhali coordination khaleichi dimension kathumna.

Physics shong eina hangkha ithumna okthuida khalei ngaleihi three dimensional world hoi. Laga physics shong eina atamli fourth dimension da hoi. Hi science eina dimensionwui apongna.

Kha ning, mangla kala phasawui apongli physical kala spiritual dimension khani khaihai. Laga physical dimensionhi 'non-dimensional' eina 'third dimensional' hi leiya. Non-dimension kachi hina mangla makzanga lunghar, ngalei, tara, kala mari hikathali theivai. Hithada ot katongahi first, second, or third dimension alungli leiserra.

First dimension hina khaksui makasui kala ngathada ot makasa otbingli theivai. Dimension hiwui alungli awon, khawo, kala thingna rahabingla zangda lei. Athumhi phasa kai, kha ning kalamangla malei mana.

Khaksui kasui, ngatha kathei kala phasa eina mangla kazangbing hina second dimensionli lei. Athumbing chiya shangkha, simuk, yao, vanao, khai kala aka akaibing hina. Fa hiya akhavali theishaphaoda kala azak makathei bingli kakhongla khongshap haoda mangla khavai saakha ngasai.

Third dimension hina khaksui suida ngathalaga kazat kala ning mangla kazangabingli theivai. Hi mikumoli kahangna. Sayur mathala mikumova ning manglalei. Athumma Vareli phathei kala shitkasangla shitsangthei.

Laga ithumwui mik eina mathei kharar fourth dimensional lei. Hiya manglawui dimensionna. Kazing ngalei kasa akhava manglawui Vare, kazingrao, cherubim saikorahi manglawui dimensionli lei.

Chuikhamei Dimensionna Nemkhamei Dimensionli Control sai

Second dimensionli khaleibingna first dimensionli khalei otbingli control sashappa. Third dimensionwui otbingnala second or nemkhamei dimensionli khalei otli control sai. First dimensionli khalei otbing china second dimensionwui maramli mathei mana, hithada second dimension chinala third dimensionwui maramli matheirar mana. Chacham sada lui khavanao akhana luili atha yaosangda tara chaimida akhar kharlaga yangsanga. Chiwui eina arong sada athei mathei. Kha atha chiya akhava china khi kasa khala kachi matheimana. Kalomli eina tangda mina naithat kahai tharan khiwui vangkhala kachi ana matheirar mana. Chuikhamei dimensionli khaleibingna nemkhamei dimensionli khalei bingli control sai, kha hanglaksa chikha khanemma dimensionli khalei bingliva khangacha eina chuikhamei bingna control saphalung haowa.

Hithada third dimensionli khalei mikumo hina fourth dimensionli khalei bingwui maram matheirar mana. Chiwui vang eina kameona khangareo tharan mikumona khikha matheirar mana. Kha ithumna phasawui apongli mazat akha fourth dimensionli zangshapra, laga makathar mangla bingli narshapra.

Mangla Varena Awui naongara bingli fourth dimensionwui maramli theingasakngai. Chiwui eina athumna Varewui kaphaning theishapra, Ali kahang nganashapra, kala kharinga mirinla samphangra. Haokaphokwui chapter 1li Adamna thingthei mashairang lakha ot katongali mungsai. Hithada atam akhaliya Adamhi fourth dimensionli leisai. Kha morei sakahaiwui thiliya awui manglachi thihaowa. Amang maningla awui nao ngara eina tangda third dimensionli panser haowa. Thakha third dimensionli takahai Varena kasem mikumohi fourth dimensionli kathada han-ungpaira khala kachi ithumna yangsa.

Chapter 2
Apuk Apakva Kasem

Matakhak eina mikumoli ngatangkhui khavai Varena plan sahai. Varena phasa kala mangla khaniwui space ngatei ngasakta kazingram eina okathui kala chiwui alungli khalei otbing semkhuiya.

1. Ngakheikhang eina Ngatei Khangarok

2. Phasa eina Manglawui Space

3. Ning, Mangla, kala Phasa Khavai Mikumo

Ridawui eina Vareva Amang okathui kasana. Ava kahor akha sada apuk apakva kala chili khalei saikorali munga. I John 1:5 Vareva kahorna kachihi kapihai. Hi manglawui kahorli kahangna, kha Varelila kahang sai.

Khipa khana Vareli maphara mana. Ava aningsasak eina khaleina. Chiwui vang eina ithumwui ning hina Awui maramli theikhavai masaki kachina. John 1:1li haokaphokwui maramli hanghai. China hanga, "Haokaphokwui eina tuichi leihairasai." Hi Varena kahor akha sada tekmateilak eina apuk apakvali khamungwui maramli phongkashokna.

Hili 'Haokaphok' kachihi apong akhali ningna mavashung kharar katang makhavai chili hanga. Hangda khaleihi Haokaphokwui 1:1 chi eina tangda maleirang kasa chili kahangna. Thakha apuk apakva masemrang lakha khi shoksa khala?

1. Ngakheikhang eina Ngatei khangarok

Manglawui aponghi talak machi mana. Mik eina kathei kazingram chili khansunna gate tarakha lei.

Atam kasangkhawui thili Varena Awui leikashi kala ot kateiwui maramli mi kaikhali theikhui ngasakngai. Vareva mangla kala phasawui zakyui khanini leihaoda A khalata mang machila mi kateilila chitheida okthui ngarumngai. Hi Awui ningli leida mikumoli ngatangkhui khavai plan semma. Plan hili mikumoli semda somilaga mayasang ngasakta kazingramli mi kachungkha huikhui khavai zanga. Hi lui khavanao akhana machumli theishirei kazipkakhui eina ngaraichai.

Varena Awui pamkhavai manglawui space kala mikumoli ngatangkhui khavai phasawui sapace darkar sai kachi thei. Chiwui vang eina apuk apakvali mangla eina phasawui space ngatei ngasakmi. Hithada Varena Ava, Nao Mayara, kala Mangla Kathara da akhum kathum eina shokngasakka. Hi naoda ngatangkakhui otli Huikhamiya Jesu Christa kala Mangla Kathara darkar sara kachi theida kasana.

Phongkhami 22:13li hanghai, "I Alpha eina Omegana, haokaphok eina katangana." Hi Vare akhum kathumwui (Trinity) maramli kapi kahaina. 'Alph'a eina 'Omega' kachihi haokaphok kala katanga eina tangadawui Vareli kahangnana. 'Haokaphok eina Katanga' kachi hina Huikhamiya Vare Nao Mayara kala Mangla Katharali kahangna.

Nao Mayara Jesuna Huikhamiyawui ot sai. Mangla Katharana Khangachonna akha sada ngatangkhamiwui otli ngachonmi. Bibli Mangla Katharahi khunu or meili chancham sada chitheimi Galatians 4:6li hanga, "Nathum Varewui nao ngaranada theikhavai Anao Mayarawui Manglachi ithumwui wuklungli sangmida, Manglachi, 'Abba, Ishava' da vaoshokka." Laga John 15:26 lila hanga, "Varewui pongli khamashung phongkhami kala Avavawui eina khara Mangla – Machinmechi rara. Ina Ali Avavawui eina chihorara. Kala ana iwui pongli matuira."

Vare Avava, Nao Mayara, kala Mangla Katharana hukhamiwui vang ot apong ngatateida singka ngarumma. Hi Haokaphok chapter 1li chithei kahaina.

Haokaphok 1:26li "Varena hanga, 'Ithum azak khuida ngaraikacha mi sakhuisa," kachiwui kakhalat-hi mikumohi Avava, Nao Mayara, kala Mangla Katharawui zakyui khui kachina. Chiya mikumohi Kathara Vareli ngarai khavai Varewui khakha sangmi haowa.

Phasa eina Manglawui Apong

Vare amang khalei tharan phasa mangla khaniwui ngatei khangarok aponghi maleisa mana. Kha ngatangkhami otwui vang mikumo okthui khavai phasawui aponghi ngaranmi haowa. Hina maram sada phasa eina mangla khaniwui aponghi ngatei khangasakna.

Kha hi ngatei khangasakwui kakhalatva akai khani shokta ngakai khami kachili kahang maningmana. Chancham sada room akhali gas ayur khani lei. Ithumna chemical kateila ngarumkasang eina gas ayur akhava machu hungda ngateithui haowa. Hithada gas ayur khani leilala ithumwui mikliva kahunga machu gas chimangli thei. Hithada gas ayur akha china machu maleilala ala gas papamma.

Hithada Varena phasa kala mangla khaniwui apong ngatei ngasakka. Kha apong khanihi hangkahai gas ayur thada apam akhali khalei maningmana. Aniva ngatateiya, kha ngalon ngarokka. Laga ngalon ngaroklala aniva ngatateida tangarokka.

Hithada phasa eina manglawui apong ngakheikhang eina ngatei khangarok haokida Varena ngasunmi khavai gate ngaranmi. Manglawui aponghi talak eina khalei maningmana. Kazingramli (Sky) manglawui apongli vakhavai mik eina theikashapwui gate tarakha haimi. Varena ithumwui mik rakngasakmi akha gate bingchi ithumna theishapra.

Stephenna mangla puiting eina Jesuna Varewui makali khanganing katheichi awui mik rakmida gate chiwui eina theikashapna (Otsak 7:55-56).

Elijahli kharing eina kazingram khuika haowa. Ringshok kahai Jesuchi kazingram kahaowa. Moses eina Elijah Transfiguration kaphungli zak rachithei. Saikorahi mangla apongwui gateway manga eina theikashapna.

Apuk apakvahi katang mavaila hakshunna. Mik eina theikapai okathuihi billion 46 light yearwui radius akhana. Manglawui apong (apam) chili vashungkida thakmeithui kachi spacegraftnala katang makhavai atam khuihaora. Laga kazingrao bingna manglawui apam chiwui eina phasawui apamli kharahi phaningyanglu. Kha mibingna manglawui apongli zangkahai tharan apam chili vazang khavai mibingna pailak cina gatewaychi kānshappa.

Varena Kazingram Mati Semma

Varena phasa eina manglawui apong ngatei ngasak kahaiwui thili darkarwui athishurda kazingram tarakha semma. Biblenala kazingram tarakha leiya kachihi hangda lei. Hithada kachangkhat eina ithumwui mik eina kathei kazingram chimang maningmana.

Khalatlui 10:14li hanga, "Yanglu, kazingramla kala chili khalei saikora; okathuila kalachili khalei saikora Varewui serra" laga Laa 68:33 lila hithada kapihai, "Achalakhawui eina khalei kazingramli kapama china, akhon panglak eina khavao nganalu." Kala Awunga Solomonnala 1 Wungnao 8:27li hithada hanga, "Kha Varena okathuili pamkachang rala? Yanglu, kazingram, chuikhamataiya kazingramlila mapamphayo akha ina sakakhui shim hina khina jira khala!"

Varena 'kazingram' kachi tuiyar hieina manglawui apong chitheimi, hithada ithumna paikhamei eina phap tapai. Kazingram kachihi akhum mati shokta leiya. Apuk apakva ngalei, Solar System kala Galaxy saikora hili first heaven hoi.

Manglawui aponghi second heaven eina theiphoka. Eden Yamkui eina makapha mangla binghi second heavenly lei. Varena mikumo semkahaiwui thili second heavenwui alungli Eden Yamkui semma. Varena mikumochi Yamkui chili pamngasakta ot thongthang katonga yangsang ngasakka (Haokaphok 2:15).

Varewui wungpamkhong chiya third heavenly lei. Apam chiya huikhami samphangda Varenao akha salaga Vareli ngasopam khavai ramna.

Fourth heaven hiya khi khikha masemrang lakha Vare amang

pamkasa apamna. Apamhi matakhak hai, ningna machukmajarar mana kala atam kahonala masingrar mana.

2. Phasa eina Manglawui Space

Biblewui scholar tarakhana khiwui vang Eden Yamkui apamhi maphashok rarthu khala? Maramma yamkui chiya second heaven manglawui spaceli leihaoda maphashok khararna.

Varena ngayarpak kahai chiya phasawui space kala manglawui spacena. Khiwui vang khala lakha ngatangkhami otwui vang kazingramhi third heavenli semhai kala okathuina first heavenli semhai.

Haokaphok chapter 1li Varena zimiksho tharukthang ot kasa kasha eina chitheihai. Varena haokaphok eina okathuihi mapung phalak eina masemhai mana. Rimeithuida ngalei ashāt semhailaga crustal movement manga eina kazingramla semluishitda. Hithada Varena ngalangman tarashida chikat lakha ngalei eina tangda yaovalaga tazak eina okathui semi.

Ngalei ashātchi hamkahaiwui thili third heavenwui eina tara longtangasak lakha okathui kuinam ngasakka. Chiwui eina mangla kapai bingna okathui khavai ngalei katheng shokngasakka. chiwui thili okathui mapung phada semphok haowa.

Phasawui Space, Mikumo Ngatangkhui khavai Apam

Rimeithuida Varena "Kahor shoklu" da kahang eina Varewui wungpamkhongwui eina kahor rada okathuili rakuinam haowa. Kahor hiwui manga eina Varewui katang makhavai pangshapchi ot katongali vashung haowa kala chibingli natural lawna control sahaowa (Romans 1:20).

Varena kahor eina tangkhamang ngatei ngasakta kahor chili 'zimiksho' hoi, kala tangkhamang chili 'ngaya' hoi. Zimik kachang masemrang lakha eina thuida ngashun ngaya, kala atam kaho leikhavai Varena ainchi semhai.

Kakhaneli, Varena ngalei katheng eina tarawui apam sema. Chiwui eina mik eina theikapai kazingram shokngasakka. Chiwui eina mangla kapaiya katonga ringpai haowa. Masi hina khaksui khavai semi, kala muiya eina sira kachang hina okathuili kuinam khavai sema.

Ngalei chiwui alungli tarachi leingasakta ngayi, yirei, kala kong katha longasakka (Haokaphok 1:9-10).

Ngalei tungli khalong tara china third heavenli khalei Eden

Yamkuiwui vang sangasakka. Kakathumma thanga Varena tarachi ngayarda ngayi shokngasakka. Langmeida khawo ngashi kala thingna rahala kharngasakka.

Khamate thang Varena zimik, kachang kala sira semda ngashun ngayali shokngasakka. Kaphanga thang vanaoyur eina khaiyur sema. Katharuk thang naolak eina Varena sayur eina mikumoli semma.

Mik eina Makathei Manglawui Space

Eden Yamkuihi second heaven manglawui spaceli lei, kha hi third heavenwui eina ngateihang hai. Apamchi phasa pamkhavai ngasahaoda manglawui apamchaola maning mana. Pailak eina hangsa chikha apamchi phasa eina mangla khani khangarumma apamna. Mikumoli mangla khavaiya akha sada semkahaiwui thili Eden zimikshoshongli Yamkui semkhavai plan sai, chiwui eina mikumoli chili chipam haowa (Haokaphok 2:8).

Zimikshoshongli yamkui kahaiwui kakhalatva yamkuichi kahor mathada samphang ngasakngai. Aruihon atamli scholar bingna Eden Yamkuichi Euphrates eina Tigris kong ngachaili leirada ngalei chuilaga research sai, kha horzak kahai apamchi maphashokrar thumana. Chiwui maramma apam chiya second heavenli khalei manglawui apamna, Adamna mangla eina leisa haokida apm chili kachipamna.

Eden yamkuichi hakshunna. Adamna morei masarang lakha phara kahai naobingna chili panda arui eina tangda nao mayasangda lei. Apamchi hakshun haida mi ngazi haowa kachi malei mana.

Haokaphok 3:24li Eden Yamkuiwui zimikshoshongli Varena meiwui raikhai chishinda cherubim chipamma da kapihai.

Hi yamkui chiwui mamangli tangkhamang kaho apam leihaida kazingraoli kachipamna. Apong kachungkha wui vang makapha manglabing china Yamkui chili zangkhavai hotnai. Rimeithuida athumna Adamli suida thingthei shaingasakngai. Athumna atheichi shaida katang makhavai mirinchi samphangda Vareli mamayala okthuingai. Adamna tangkhamang pangshap chili ngarada yamkui yangsanga. Kha Satanna suida Adamli thingtheichi shaingasak kahaiwui eina meiwui raikhai singda cherubimli yangsang ngasak haowa.

Kahorna kuikhanam Eden Yamkui eina makapha mangla pamkhavai tangkhamang apam khanihi second heavenli ngarumda khaleina. Shitkasanga bing eina ngasoda Prohowui latkharali Zingkum Shini Shakazawui Zatkhangchi second heaven kahorna kuikhanam apamli sara. Apamchi Eden Yamkui liya mathamei kharra. Okathui haokaphokwui eina huimi khahaibingna chili zangra.

Laga third kala fourth heavenla leifaya kha chiya Ning, Mangla, kala Phasa Volume 2li maikhainaora. Varena mangla eina phasawui apam ngatei khangasak-hi mikumo ithumwui vangna. Hi semhailaga mikumoli huikhuida khamashunga nao ngasa ngasak khavai vangna. Ara, mikumoli kathada kala khimamei zangda sakhui khala?

3. Mikumo Ning, Mangla, kala Phasa

Mikumowui thotchanhi Adamna morei sahailaga okathuili rapan kahai eina haophoka da Bibleli kapihai. Hiwui thotchanhi Adamna Eden Yamkuili pamda leilakhawui maramva mazangmana.

1) Adam, Kharinga Mangla

Mikumo haophok kharehi Adamwui eina theiphokka. Mikumo mayasang khavai Varena Adamli kharinga mangla akha sada sakhuiya. Haokaphok 2:7li Adamli kasawui maramli hanghai: "Chiwui thili Varena ngaleiwui chifa eina mi akha sakhuida anatang khurli kharingwui mangla lingsangmi; chieina michi kharing ngasa haowa."

Adamli semkhui khavai thongthanghi chifana. Chili kasemwui kakhalatva mikumoli okathui ngalei hili rasang reisang ngasakngai (Haokaphok 3:23).

Laga ngaleiwui chifa chiya khimamei manatta semkhui khangangaili semkapai thada milila chitha ngasakngai kachiwui kakhalatna.

Varena chifa chiwui eina semkakhui mang matanghaila alungwui akhri akhra kala thingneira katong peida semmiya. Ham kasemma mi akhana ngaleiwui eina khamatha ham semkhui shappa. Kha Varewui pang eina mikumoli kasem kachi hiya kayakha mathamatai meirado!

Adamli maipan shoklak eina semma. Awui phasa ali alak, akuiwui eina aphei tashungda mapung phachaowa. Ahi mathalakka. Varena khakhā sangmida Adamhi kharinga mi ngasathui haowa. Hi bulb akhana aningsasak mei makahor kathana. Electricityli join kasa mang eina horra. Hithada Adamna Varewui kakhachi samkaphang eina kahksui suiphokka, kala awui phasachi ot saphok haowa. Awui kuingatok ot sahaowa, mik theihaowa, khanga shahaowa, laga awui phasa ngathaphok haowa.

Mirinwui khaksui hiya Varewui pangshapna, laga Varewui

yangna kachila hangpai. Hi mirin ringkhavai sourcena.
Varena khakhā sangkhami eina Adamchi phasa khavaiya salala
ringhaowa. Awui phasachi leikaphok eina awui manglala
horzak leihaowa. Lairik hiwui second volumeli hiwui maramli
mathameida maikhainaora.

Chiwui eina kharinga mangla chinamaram sada Adamwui
phasachi mathikapai phasa ngasa haowa. Phasa china Vareli
chan ngazek khavai mangla china ngachonmi. Phasana manglali
kahang nganai, hithada Vareli chan ngazekpamma.

Aso arep unglak eina rarsangdalei kachi hila Adamva mathei
mana. Naoshinao akhana awor tamkhui maman yarui zeingaruili
zangkashap thada Adamla awor samphang mamanna. Hithada
Varena Adamli Eden Yamkuili chipam kahaiwui eina kashi
kapha tammi naowa. Varena okathui ot katongali tacham taram
yangsangmishap khavai manglawui ain, Kharinga Tui, kala
katang makhavai Varewui awor tamchitheimi. Chiwui eina
Adamna ot yangsangshappa.

Atam Kasangkha Kharing

Manglawui thangmet leida Adamna ngaleili khalei ot
katongali mungda yangsanga. Amang kapamhi maphavai
mara chihaoda Varena awui arāpthingwui eina shanao akhala

semkhuiya. Anili ngasotnao sangasakta ani phasa akha sangasakka. Ara questionva, anina Eden Yamkuili zingkum kayakha okthui khala?

Bibleli chiwui maramva mahanghai mana, kha anina yamkui chili atam kasangkha okthuiya. Ithumna Haokaphok 3:16li samphanga; "Shanao chilila hanga, "Nao khavai atamli nali kachot kachang mataisang ngasakra, chotchanglak eina nana naopharakhuira, chithalala nana nagaharali ningchang chingra kala ana nawui tungli mungra.'"

Evena morei sakahai chiwui athei manga eina ana nao kapharali kachot kachang samphang ngasakka. Ana khonshāt masamphangrang lakhala nao phara kahai leihairasai. Adam eina Eveli rarkasang makhangava mangla sangmi. Hithada anina atam kasangkha okthuida nao mayasanga.

Mi kachungkhana Adamna kashi kapha theikhavai thingtheichi ali semkhaleoda kashaina da phaninga. Kachi kathana azingwui question hila ngahanpamma: "Bibleli hangkahai athishurda mikumowui thotchanhi zingkum 6,000 mangfalakha kathada zingkum thingthingwui fossils samphanghao khala?

Biblewui athishurda mikumowui thotchan hiya Adamna thingtheichi shaihailaga morei sakahaiwui thili mang shankaphokna. Ana Eden Yamkuili pamkasa chiwui atamchi mazang mana. Adamna Eden Yamkuili leilaga okathui ngaleihi ngacheiung ngacheivada khangachei tarakha leihaira sai. Chithada kaikhana fossils ngasa haowa. Hina maram sada fossils kaikhava zingkum millionla kakahai ngavai.

2) Adamna Morei Kasa

Varena Adamli Eden Yamkuili kachipam tharan ot akha masakhavai hanghai. Chiya kashi kapha theikhavai thingtheichi masahailo da hanga. Kha atam kha leilaga Adam eina Evena chi shaihaowa. Chiwui eina anili Eden Yamkuiwui eina okathui ngaleili kashamshok haowa, laga hithada okathuili mi mayasang phok haowa.

Adamna kathada morei sahao khala? Atam chitharan pangshap khalei mangla akha leisai. A chiya makapha mangabingwui akui Luciferna. Luciferna Vareli ngakaishida rai sakhavai Adamwui pangshapchi khuimi haorada phaninga. Ana plan salaga marei mara kathemma phara akha sada rai.

Haokaphok 3:1li "Varena sakakhui manglakapai saikorawui ngachaili pharana marei mara themmeikap sai," da kahang thala pharali themlak kahai akha sada sakhuiya.

Hithada sayur kateiliya phara sada khavana ungshungrada

theihaowa. Hithada makapha manglawui pangshap zangda mikumoli tatung khavai khutlai akha sathui haowa.

Makapha Manglana Mikumoli Suichinga

Atam chili Adam pangshap leilak eina Eden Yamkui eina okathuiwui ot katonga yangsangsai. Hithada ali morei sangasak kida saklak sai. Chiwui vang eina pharachi kapangkhuida rasuiya, "Yamkuili khalei thingrong saikorawui athei nanina mashaipai marada Varena hangla?" (v. 1) Varena Eve liya khikha hangkahai malei mana, Adam mangli kahangna. Kha ningkhamichi Eveli mikahai thada phara china ali rahanga. Evena ngahan kakachi hithada kapihai "Shanao china phara chili hithada hanga, "Inina thingrong bingwui atheichi shapaira. Kha Varena hanga, Yamkui aluingthungli khalei thingrong chiwui athei mashaipai mara, saja akha thira ji" (Haokaphok 3:2-3).

Varena hanga, "...kaja nanina chi shaithang thira" (Haokaphok 2:17). Kha Evena hanga, "thira ji." Shokta khaleihi nathumna sakhana maning mana da phaningpai, kha hanglaksa chikha Evena Varewui tui mamayonthu mana. Langmeida hina kachitheiva Evehi Varewui tui chili shitsangna machi mana. Phara china Varewui tuichi mathada mamayonthu mana kachi theida sakchang haowa.

Haokaphok 3:4-5li hanga, "Phara china shanao chili hanga, 'mathilak mara.kaj Varena thei, nanaina hi shaikhaleo mik mathing haora; kala kashi kapha theikhuida Vare thahaora.'"

Satan phara china Evewui wuklungli zangkahai eina 'Chieina shanao china yanglakha atheichi shaphalakki kachi thai, kala mik ngayamlak haoda ana khuishai haowa kala agaharalila kateokha mishai haowa" (v. 6) da kapi kahai thada atheichi shaihaowa.

Hanglaksa chikha Varewui tui chili ngakaishira kachiva maleisalak mana, kha kagahaochi ningli leikahai eina atheichi khuishai haowa. Ana agahara Adamlila mida anala shaihaowa.

Adam eina Evewui Excuse

Haokapghok 3:11li Varena Adamli ngahanna, "Ina mashailo kachi atheichi nana shaihaoala?"

Shokta khalei maramchi Varena theiserra, kha chithada khangahanwui kakhalatva Adamna awui sayon kahaichi theikhuida ning ngateiranu kachina. Adamna ngahankai, "Nana iwui vang khami shanao china atheichi mida ina shaihaowa" (v. 12). Hithada ngahankakawui kakhalatva shanaochi maleisa akha atheichi mashaisa mara kachina. Awui khayon phaningkakhui machila shokta khalei chiwui makapha chiwui eina escape sakhavai hotnai. Evena atheichi mikashaina. Kha Adamna shanao chiwui akui ngasa haida chi mashok khavai sasaki kachina.

Ara Haokaphok 3:13li Varena shanao chili ngahanna, "Nana khi sahao khala?" Adamna akuina chilala Evela morei sakahai chiwui samanva leipapamma. Kha ala phara chili phenna, "Phara china kapikta ili shaingasakka." Ara Adam eina Evena morei sakahai eina khi shok-hao khala?

Adamwui Mangla Thihaowa

Haopkaphok 2:17li hanga, "kha kasha kapah theikhavai thingrongwui atheichi mashaipai mara, kaja nanina chi shaithang thira."

Hili hangda khalei 'kathi' kachihi phasawui kathi chili kahang maning mana, kha manglashong kahangna. Mi akhawui mangla thihaowa kachihi mangla shiman kahai chili kahang maning mana. Chiwui kakhalatva Vareli chan mangazekpaithu mana kachina. Manglachi zangfaya kha Varewui eina manglawui otchi masamphangrar thuwa. Hikathahi kathi eina mangatei mana.

Adam eina Evewui mangla thikahai eina anili Yamkui chili mapam ngasakluithu mana. Haokaphok 3:22-23li hanga, "Chiwui thili Prohona hanga, 'Yanglu, mi hina ithum akha thada kashi kapha theihaira, ara apang eina kharingawui thingtheichi khuishai akha mashimanla ringhaora, chieina Proho Varena ali shungkhui khavai ngaleili ot sakhavai Eden Yamkuiwui eina chiho haowa."

Varena kahang, "mikumo hina Ithum thaghaira" kachihi Adam china Vare thahaowa kachi maning mana. Chiya Adamva khamashung apong mangli theikasana, kha Varena khamashung eina makhamashung kathei thada ala makhamashungwui apong theihaowa kachina. Hithada Adamna mangla eina leikasachi phasali han-ung haowa. Chiwui eina ana thiphalungra. Ali semkakhui ngalei chili han-ung phalungra. Kaja phasawui mi china mangla eina maringrar mana.

3) Phasawui apongli Hankha-ung

Adamna Varewui kahang kaida atheichi shaikahaiwui thili ot katonga ngachei haowa. Ali okathui hili kashamshok haowa, laga shairanrar tada phashak phaza haowa. Ot katongalila khonshatchi tashung haida kapha kahochi maleithu mana.

Haokaphok 3:17li kapihai, "Kala Adamlila hanga, 'Nana napreivawui tui khanganawui vang kala ina nali 'mashai alu' da kakaso thing chiwui athei kashaiwui vang ngaleihi nawui vang eina khonkashi ngasa haira; nawui mirin peida chotlak eina ot sada phasak phazara.'"

Verse hili Adamna morei kasawui vang amangli maningla ot katongali khonshat tashung haowa kachi ithumna thei. Ot katonga tacham taramda mathalak eina leisai, kha khangacheichi rahaowa. Khonshat chiwui manga eina aka akai leiphokta sayur kala thingna raha bingla ngacheiser haowa.

Haokaphok 3:18li Varena Adamli hangluishitda, "Kashat kuivā nawui vang shokra." Hithada kashat kuiva bingna maram sada thinga rahala mathada makharar thuwa, hithada Adamla chotlak eina ot sahaowa. Ngaleichilakhonshat tashung haida makhaning khawo bingla kharhaowa. Aka akaina pemhaowa. Hithada lui otkasali masa khavai khawo katha sakhamathali tahaowa.

Wuklung Phakakhui Darkar kasa

Adamna ngalei chuida phashak phakaza thada okathuiwui mikumolila phakakhui atamchi rahaowa. Mi china morei masarang lakhava manglawui apong mangli pemthada leisai. Haokaphok 3:23li kapihai, "Chieina Proho Varena ali shungkhui khavai ngaleili ot sakhavai Eden Yamkuiwui eina chiho haowa." Verse hina kahangva Adamhi ngaleiwui eina semkhui haokada cili valuishitra kachina. Hiwui kakhalatva awui wuklungchi mashungkhuira kachina.

Ana morei masarang lakhava makapha kahochi awuili maleithuda wuklung mashungkhui khavaila maleisa mana. Kha ana khang kaikahai einava chipee Satan china ali munghaowa. Mikumowui wuklungli makapha apong ningkakachai, malung vatkazar, ngakai kashi, sham kasa hikathatha hina pemtha pemtai ngasak haowa. Hikatha hia kashat thada wuklungli khar haowa. Hithada mikumohi phasawui apongli zat-haowa.

Ithumli semkakhui ngaleichi khotda kharing kachiwui kakhalatva ithumna Jesu Christali khuisang phalungra, makapha ot masakhavai Varewui tui shichin phalungra kala ithum manglawui apong chili zang phalungra kachina. Maning akha ithumna katang makhavai mirinli kharing masamphang mara.

Adamli Eden Yamkui chiwui eina kasham hailaga okathuili kachipam kachihi ngakheikhang kahai khangachei akhana. Hi ngalei akhawui awungvana lui khavanao akha ngasakahaiwui kachot kala pakhangapali langmei kharra. Hithada Evela nao kapharawui kachotchi samphang haowa.

Anina Eden Yamkuili leilakhava kathi kahochi maleisa mana. Kha ara anina okathui hili okthuida phasa thilaga shiman phalungra. Haokaphok 3:19li hanga, "Nana ngaleili malatvarang lakha eina tangda shairanrar shokta phazara; kaja nali ngalei eina sakakhuina; chieina chifa ngasalui shitra." Kapi kahai thithada anina thiphalungra.

Adamwui manglava Varewui eina rahaokida shimanchao kahaiva masamara. Haokaphok 2:7li hanghai, "Chiwui thili Varena ngaleiwui chifa eina mi akha sakhuida anatang khurli kharingwui mangla lingsangmi; chieina michi kharing ngasa haowa." Mirinwui khaksui hiva Varewui katang makhavai asak avatna.

Kha Adamwui manglachi activeva salak machithu mana. Hithada mangla china phasali control sada akhava sathui haowa. Hithada atamwui athishurda Adamna kasārlamshong zangda thira. Ana ngalei chili latvaluira.

Atam chiliva morei leihailala aja okthot hiwui morei thadava maleisa mana, chiwui vang Adamna zingkum 930 okthuiya (Haokaphok 5:5).

Kha tamna thuimaman morei chungsang maman haowa. Chiwui vang eina mikumohi sangdala maokpeithu mana. Ana Eden Yamkuiwui eina okathui ngaleili rapamda chiwui environment chili adapt rasakhuiya. Anina mangla thada masalaphasa eina ringhaowa. Ot sada chotta ngasamkhuiya. Kazat kashila razang haowa. Kasha kaza ngatei kahai eina aniwui khalui kaza system chila ngachei haowa. Hithada Adamwui morei kasa kachihi kateowui ot maning mana. Chiwui eina okathui mikumo saikorali morei vashung kahaina. Hithada Adam eina Evewui naothot eina tangda phasaliya ringlaga kathi kahohi leihaowa.

Chapter 3
Mikumo Phasawui Spaceli

Phasa hiya khangacha eina moreili ngarumma,
Chiowui vang eina mikumona morei sangai.
Kha mikumowui alungli Varena khami mirinwui athachi leihaoda ngatangkhui khamiwui ot khaleina.

1. Mirinwui Atha

2. Mikumona kathada Raleihao khala

3. Ningchuk

4. Phasawui Ot

5. Ngatangkakhui

Adam eina Evena nao kachungkha pharai. Aniwui mangla thihaisalala Varena mahorhai mana. Anina kathuili leihaoda chiwui saran katonga tamchithei. Adamna awui naobingli khamashung tui tamchithei, hithada Cain eina Abelna Vareli kathada chikatra khala kachiwui maramli theishappa.

Atam kasangkha Cainna Vareli athei arei chikatda, kha Abelnava Varena ningkachang sachi sathatlakha chikatda. Varena Abelwui kachikat mangchi khuimi kahai tharan Cainna awui khayon khamangchi phaning kakhui machila Abelli yuishi haoda sathat haowa.

Chiwui eina okathuili mahang kharara morei mayasangda rot khamaratna pemhaowa, kala Varena okathui mi katongali bichar kasa sada tara eina ngaphong ngasak haowa. Kha Varena Noah eina awui nao kathumli miyur kathar semkhavai ngatangkhui. Hithada ara okathuili khalei mibingli kathahao khala?

1. Mirinwui Atha

Adamna morei sakhaleo Vareli chan mangazekpaithu mana. Awui manglawui pangshapchi thuihaida mirinwui atha chili phasawui pangshapli razang haowa.

Varena Adamli ngaleiwui eina semkhuiya. Hebrewli 'Adamah' kachiwui kakhalat-hi ngaleipa kachina. Varena ngaleipa eina mikumoli semkhuida anatangkhurli kharinga khakhā marisangmi. Isaiahwui lairiklila mikumohi ngaleipawui eina semkhuiya kachihi kapi hai.

Isaiah 64:8li kapihai, "Chithalala He Proho! Na ithumwui Avavana; ithum ngaleina, na ham kasana; ithum nawui pangsak serra."

Ina churchhi haophokta masangrang lakha Varena Adamli kasemchi ili chitheimi. Chiwui thongthang bingchi tara eina khamanāt ngaleipana. Hili tara kachihi Varewui tuili kahangna (John 4:14). Tara eina ngaleipachi manātta khakhachi mari sangkhami eina mirinwui asheechi phasali longphokta kharinga mi sathui haowa (Pangmonshi 17:14).

Mirinwui khakhā chili Varewui pangshap lei. Chi Varewui eina khara ngasa haoda shman haowa kachi malei mana. Biblena Adamhi mikumo ngasa haowa kachi tuimang mahang mana. Ahi kharinga mi ngasa haowa kachina. Hiwui kakhalatva ahi kharinga mangla akhana kachina. Ali ngaleiwui eina semkakhuina chilala katang mavaila ringkapai leisai. Hi ithumna John 10:34-35li "Jesuna ngahankai, 'Varena hangkahai nathumwui ain lairikli kapi kahai lei,'Nathum kameonao bingna'" kachi tuihi phap kata samphanga.

Haokaphok liya mikumohi phasawui kathi maleila ringpai sai. Kahang makhangana eina Adamwui manglachi thihailala phasa chiwui kathukka apongliya Varena khami mirinwui athachi zangda lei. Chiya katang makhavaiyana laga chiwui manga eina Varewui nao sakhavai mi kachivana pharaluishitpai.

Mi kachivali Mirinwui Atha Khami

Varena Adamli kasem tharan mashiman kapai mirinwui athachi ali sangmi. Mashiman kapai mirinwui atha kachi hiya Varena Adamli sangmi kahai mangla china. China saran ot katonga sakhavaiwui haokaphok manglana.

Nao vaida kachang katharukkali naopamli khalei nao chili Varena mangla eina ngasoda mirinwui atha sangmi. Athahi Varewui pangshap ngasahaida Vareli chan ngazek kashapna. Vare lei kachi makhamaya mi kachungkhana thihailaga khi leikhala kachiwui maramli phaningda ngachee serra. Hiwui kakhalatva athumwui ningli Vareli makhamayava masarar mana kachina. Kaja athumwui alungli mirinwui athachi zangda lei.

Pyramids eina katei angunbing (relics) china mibingwui katang makhavai kala kachihanwui maramli chitheidalei. Thangmameikap kachi mipachinala kathili ngachee, maramma mirinwui atha china naoda shokki kachichi theihaowa.

Mi kachiva Varena khami mirinwui athachi leiserra, chiwui vang eina khangacha eina ana Vareli kaphana (Hashokme 3:11). Mirinwui athachi wuklung thada ot sai, laga china manglawui mirinli ngasunna. Phasali oxygen eina nutrient supply sakhavai ashee long-ung longvai. Wuklungna ot kasa chiwui vang ningshilakka. Hithada mirinwui athachi mikumoli sangmi khaleoda awui mangla chila active sahaoda Vareli chan ngazekshappa. Apong kateili hangsa chikha manglachi thihaikha mirinwui atha chila active masarar mana kala Varelila direct eina chan mangazekrar mana.

Mirinwui Athachi Manglawui Khamataiyana

Adamhi Varena tamkhami thangmetchi leichinga. Mirinwui athachi active salakka. Manglawui pangshapla leilakka. Ahi thangmeilakka chiwui vang ot katongawui aming phokmiserrda ana munga. Kha morei sakhaleo Vareli chan khangazek chila maleilui thuwa. Manglawui pangshapla shiman haowa. Phasawui pangshapna yuihaida mirinwui atha chili singhaowa. Chiwui eina athachi mathang mathang shiman mamanda active masathumana.

Mikumona khaksui chatkahai eina mirin kakup thada mirinwui atha china active makasa eina Adamwui mangla chila thihaowa. Mangla kathi kachiwui kakhalatva mirinwui athachi ot masalui mada thikahai thahaowa. Hithada mikumo akha sada mi saikorahi active makasa mirinwui atha chieina ngasoda pharaserra.

Adamna kongkhaluiwui eina mi saikorahi thiser phalungra. Athumna katang makhavai mirinchi samphangluiga chikha Varewui khangachon manga eina moreiwui problemchi solve sahaifara. Athumna Jesu Christali khuisangda morei pheomi ngasak phalungra. Ithumna mangla samphang khavai mikumo saikorawui moreichi phungda Jesuna khrush tungli thimi. Ana mi saikorawui katang makhavai mirinchi samphang khavai shongfa, kala khamashung kala kharingachi ngassami. Ithumna ali Huikhamiya akha sada khuikasang tharan ithumli morei pheomira laga Mangla Kathara samphangda Varewui nao ngasara.

Mangla Kathara china ithumwui mirin athachi ring-ung ngasakra. Chiwui eina shiman kahai mirin athachi horluishitra. Adamwui mirin kahor thada makashung chaolala shitkasang mataisang maman kahor chila mataimamanra.

Mirinwui atha china Mangla Kathara chungmeida samphang maman mangla phasawui eina samkaphang kahor chila mataimamanra. Mi akhana khamashungawui thangmetchi samphangda leilaga eina tangda shiman kahai Varewui zakyui chila samphang mamanda khamashunga nao ngasashapra.

Phasawui Mirin Atha

Manglawui mirin atha chili langmeida phasawui mirin atha chila lei. Hi sperm eina ovumli kahangna. Varewui leikashi alungli okathuirum kida khamashunga Varewui naongara shokngasak khavai mikumoli mayasang ngasakka. Hi ungshung khavai Varena mirinwui athachi sangmida mibingna okathuili mi mayasang phokka. Varewui wungpam chiya hamahalak haoda khipakha maleikha ngachakyang hai. Chiwui vang eina Varena Adamli kharinga mangla akha sada semkhuilaga mi mayasang ngasakka. Hithada Varewui naongara kachungkha leihaowa.

Varena ningkachang mi chiya kathi manglachi ringkahai, Vareli chan ngazek kashap kala kazing wungramli Awui leikashi alungli katang mavaila okthui ngarumki kachi bingna. Hikatha mi ngasa khavai Varena mi kachivali mirinwui athachi sangmi serra, laga Adamwui eina thuida mila mayasang ngasakka. Davidna Varewui planhi theida hanga, "Nava khangacheewui zak, matakhak kahaiyana da ina soi. Nawui ot matakhak kahai manga" (Laa 139:14).

2. Katha Mikumohi Raleihao khala?

Mi akhawui eina mi clone masakhuipai mana. Duplicate eina sakhuipailala mangla mazangthukida mikumo maningmana. Clone sakakhui chikatha chiya sayur eina mangatei mana.

Mirin kadhar kachi hiya mayarnaowui sperm eina ovum khangarum eina kashokna. Mikumowui zakyuichi kakhavai fetusna naopamli kachang chiko pamma. Hithada nao vaida rarsang maman kachihi theida Varewui matakhak kahai mikumoli kasemwui process chila kathei samphanga.

Kachang khareli thingneira katonga ngasunmi. Hiwui thili ashee, arakui, asa, alik alak kala akhri akhara katonga semma. Kachang kakhaneli wuklungwui beat leingasakta mikumowui zakyui teomeida shokngasakka. Hiwui eina pheipang theiphok haowa. Kachang kakathummali amaiwui shape-hi semma. Chiwui eina akui, phasa, kala pheipang ngathaphokka, kala shanao mayarnaowui organsla sangmi haowa.

Khamate kachangli placenta phasakap chi kupsangda nutrient supply sahaowa, kala fetus chiwui asan eina aphek kathak eina mataisang haowa. Chiwui eina phasawui organbing leida khangacha eina mirin ot sahaowa. Muscle eina khana kashawui abilitychi kaphanga kachangli haophokka. Kachang katharukkali digestive organs leida kathak eina rasang haowa. Kachang kashineli kuisam khar haowa kala khaksuiphok haowa.

Shanao mayarnaowui organs kala mathada shakashapwui ability chiya kachishatta kachangli theiphokka. Hitamli fetus china khikha akhon sashapta leipai. Kachang kachikoli ahābingchi chungmeida kharda phasawui shapechi shok-haowa. Kachang kachikowui thili 50 cm rikha kasang kala 3.2kgwui nao pharai.

Fetus-hi Varewuili khalei Mirinna

Aruihon sciencewui reikasang eina ngasoda mibingna clone kasahi ningchanglakka. Kha rida hangkahai thala sciencena reisanglaklala mikumo hiya clone masapai mana. Mi manngasakta clone sakhuilala manglava maleipai mana. Hithada mangla mazangkha mikumoli clone kasachi sayur eina mangatei mana.

Sayurli kasem thada masala mikumo kasemliva mangla sangkhamina. Nao vaida kachang katharukkali fetuschi phasawui organ panmiser haowa. Hithada phasachi mangla pamkhavai apam ngasa haowa. Hithada mirinwui atha chieina mangla ngasoda sangmida mikumo ngasai. Hiwui maramli thukmeida theikhavai Bible lila yangpai. Nao vaida kachang katharukka kakashung fetuswui maram akha hithai.

Luke 1:41-42li kapihai, "Elizabethna Marywui salam tui shangashada awui naopamli khalei naochi ngasonkai kala Elizabeth Mangla Katharana pemting haowa. Chieina ana panglak eina , "Shanaowui ngachaili na kala khamahaiva ngasaranu; kala nawui naopamwui eina shokki kachi naothei kala khamahai ngasaranu" da hanga."

Hi Jesuli Khamazchinva Maryna nao vaida John (the Baptist) li kachang tharuk vaikahai Elizabethli yaothui khava tharan kashokna. Maryna khara eina Johnna ringphana haida naopamli ngason kakana. Ana Marywui naopamli khalei Jesuli theida ringkaphana pemting haowa. Fetusli mirin khalei mang maningla kachang katharukka liya mangla khavaiya akha ngasa kahaina. Hithada mikumo hiya nao vaikhaleoda Varewui ngasa kahaina. Vare mangna mirinwui atungli pangshap leiya. Hithada fetusli mangla maleiranga chida nao makhuitaki kachina.

Nao vaida kachang kachiko kakashung atamhi khamataiya atamna. Atam hitharan phasa reisang khavai avawui phasa china supply kasa atam ngasa haida balance diet leilaga kasha kaza zaki kachina. Avawui ninphaning kala chukhamaja hila naoli vashungda chiwui athishurda nao shokka. Laga ava china Vareli ngavapta seiha sada otram ngathada leikha naoda nao chila thangmamei papamma.

Mirinhi Varewui pangli leiya chilala nao khavai, kaphara kala rarkasang atamliya Varena pang matharasang mana. Khaphara eina kashok mikumowui khangachahi ava avāwui naothei (sperm) china maram sai. Laga katei chinava environmentwui athi shurra.

Matailak eina Varena Pang Thara kasang

Nao kapharali kachi katha mi akha shok khavai Varena pang thara kasang maram lei. Rimeithuida ava avana Vareli ningyang ungasakta seiha sakha Varena naochi semmiya. Wungva wungvawui atamli okthui kasa Hannah nao maleimada simasailak eina leisai. Atam chitharan ana chara tada Vareli seiha sai. Chili ana nao pharakha Vareli mira da tuingashitla sai.

Varena awui seiha kasa shamida nao vaikhavai somi. Ana tuingashti sakahai athishurda Vareli otram ngatha khavai pangmonli awui nao Samuel khuivami. Samuelna nganuilakhawui eina Vareli chan ngazekta naoda Israelwui awunga ngasa haowa. Hannahna tuingashit sakashapwui vang Varena somida nao mayara kathum kala shanao khani da mataisangmi (1 Samuel 2:21).

Kakhaneli Varewui planwui athishurda kapangshok kahai mibingwui mirinli Varena pang tharazanga. Hi phap takhavai 'kapangshok kakhai' kala 'ngateida haikahai' hiwui maramli theiphalungra. Khi khikha ot akha sahaora chihaikha chi ungshung khavai mi kapang kakhui kachihi Varewui otna. Chancham sada huikhami kachihi leingasakta chiwui alungli khalei mi kachivali Varena huimi. Chiwui vang eina Jesuli khuisangda huikhami samkaphang kala Varewui tui athishurda kharing athumbinghi 'kapang kakhui' bingna.

Khipamameili huimira kala mahuimimara kachihi rilak eina Varena ngaran kahaina kachihi kachi katha mibingna theingui haowa. Kaikhana nathumna Varewui tui athishurda maokthuilala Jesuli khuisang khaleoda Varena huimi haora da hanga. Kha hiwui theikakhuihi nguiya.

Mi kachivana awui ningkachang chiwui alungli shitkasang eina rakha huikhami samphangra. Chiwui vang athumbingli Varena kapang kakhuina kachina. Kha huikhami chili maning kasang bingna or kachi kathana ningsangsa lakha okathuina yuihaida thatheida morei saluishit haikha malat-ungrang eina tangda huikhami masamphang mara.

Thakha 'ngateida haikahai' kachihi khikhala? Apuk apakva masemrang lakha theiser kachi Varena mibingli kapangkhui kala ithumwui mirin control sai. Chancham sada Abraham; Israelnao bingwui avava Jacob, kala Lamhangli thankazatda Moses athumli ngateida kapangkhui lakha special otbingchi ungshung khavai haikahaina.

Ot kachiva Varena theiserra. Okathui thotchan hiwui alungli ngatangkhami ot hiwui vang khipana matik chada pharara khala kachi Ana theiserra. Hi ungshung khavai Ana kachi kathali kapangkhuida ngateida haihai lakha ot sangasakka. Hithada kapangkhui lakha ngateida haikahai athumbingwui mirinli kapharawui eina haophokta Varena pang eina tharazatmi chinga.

Romans 1:1li hanga, "Varena Awui pao kapha hashok khavai kapangkhui kahaiya kala hokhui kahaiya rao Paulna kachiphun chithina." Kapi kahai thada pao kazatda Paulli kapangkhui lakha Gentilenao bingli pao hashok khavai ngateida haihai. Maramma ana thaona phalak eina ning mangachei mana, kachot kachang tarakhawui lungli zatda ot ungshung khavai ali kapangkhuida ngateida haihaiya. Laga New Testamentwui lairik kachungkha kapida haikhavai ali chiwui saran otchi miya. Hithada ot ungshung khavai haokapahokwui eina Gamaliel ojali ngasoda awui eina tam shakhui khavai Varena ali thanmi haowa.

John Baptist lila Varena kapangkhuida ngateida haihai. Hithada awui ningli Varena zangmida nganuilakhawui eina mirin apong ngateida ringlakha rarsang ngasakka. Ana okathuili mangasikla amang eina lamhangli okthuikai. Ana camelwui aha eina sakakhui kachon ngavai, sahuiwui shanneira nei kala khao eina khuira shai zada okthuikai. Hithada ana Jesuwui shongfa semi.

Hithada Moses lila sai. Varena awui kapharali pang tharazanga. Ali kaphara eina kong akhali khei haowa kha awungva akhana ngatangkhuida naoda ala awunga akha ngasa haowa. Thayilala ali kaphara avana nganaoka ngasakta Vare kala awui yurwui maramli thukmeida theingasakka. Ana Egyptwui awunga sada okathuiwui maram lila thei. Hangkahai thala kachi kathali khikha sakhavai kapangkhuihai lakha athumwui mirinchi Varena control sada okthuika ngasakka.

3. Ningchuk

Vare kasa akhavali phada samkaphang, Varewui zakyui ngatangkakhui, kala aman kasakka mi khangasa kachihi mi akhawui ningchukli lei.

Ava avawui naothei sperm eina ova chili naoda nao nagarabing horzakta shok khavai aponglei. Ningchukla hithai. Ningchuk hina kapha kashi theikhavai apongna. Ava avana kapha mirinli okthuika akha naola chithada shokpai. Hithada sada kachi katha nao ngasara khala kachihi ava avawui mirin lila lei.

Nao ngara bingli ava avawui kapha thada pharakhuilala makapha ot kasawui environmentli rarka akha makapha nao shok-hai pai. Apong akhali hangsa chikha kapha environmentli rarkaka nao chinakapha naola ngasahaipai.

Ningchuk Semkaka

Mikumowui ningchuk-hi ava avawui athishurda kaphara kala environment chiwui athishurda nganaokaka hiwui athishurda ngatateiya. Hithada kachi kathali kapha ava ava thada pharakhui lakha kapha environment alungli kala khalatta control sakathei alungli okthui kaka kachi hina kapha ningchuk leingasakka. Athumwui vangva kapha pao khuisangkida kala khamashungwui apongli ngacheikida masak mana.

Mikumo khangacha eina ningchuk-hi wuklung akaikhana da phaninglapai, kha Varewui miktali chimatha mana. Kachi kathali kapha ningchuk leida kapha ot sangaira kala kachi katha liya makapha ningchuk leida makapha ot sangaira. Hithada kapharawui eina kala nganaokakawui eina mikumowui ningchuk-hi apong ngatateida semkhui haowa.

Mibingna kashi kaphawui maramli ningchukwui manga eina bichar sai. Kha mibingwui ningchukchi ngatatei serra. Culture kala apam khangateiwui athishurda ningchuk ngatei, kha mibinghi kashi kapha bichar sakathei manga eina mapung kapha mi mangasarar mana. Mapung kapha kachi hiya Varewui tui chili khaleina.

Wuklung eina Ningchuk Khangatei

Romans 7:21-24li hanga, "Chieina hi mikumowui khangachana kaja kapha saki kajili makapha raphalunga. Varewui ainchi iwuklungli ningyang unglaka. Kha iphasali ot kasa ain khangatei akhala thei, chili khanganura china. Iphasali ot sada khalei moreiwui ain chili phatop kazanga ngasa haowa. Iyavo, I sipkasa! Thiki kajiwui eina ili khipana kanmishapra khala?"

Verse hiwui eina ithumna mi akhawui wuklungchi kathada leikhala kachi thei. Varewui ainli thi kashur kachi hina Mangla Katharana kathan kapha sakhangai wuklung china. Hi mirinwui atha china. Laga chili moreiwui ain dala ngavai, chili kazika wuklung hoi. Laga ningwui ainla lei. Hina ningchuk china. Ningchuk kachihi khalattali khalei kashi kapha theikhavai ning china. Hili kapha eina makapha wuklung khanini ngayur pamma. Ningchukwui maramli theikhavai rimeithuida wuklung khikhala kachi theiphalungra.

Dictionaryli wuklungwui definition kachungkha tarakha lei. Hi khangacha thangmet awor chiwui eina ngateihang kahai mi akhawui kathuka wuklungwui apongna. Kha manglawui wuklung chieina ngateluiya.

Varena Adamli kasem tharan mangla eina ngasoda mirinwui athachi sangmi. Adamva khamasai akhong kathana, chiwui eina Varena manglawui thangmet leikashi, kapha kala khamashung hibinghi sangmi. Adam liya kapha apong mang tamchithei haida awui mirin atha chila mangla ani ngarumthui haowa. Aliya kapha mang haida wuklung eina mangla khaniwui khangateihi theishi lakka. Maramma chitamli makapha kahohi maleisathu mana, hithada ningchuk kachi tui hila leingayilak machisa mana.

Adamna morei sakahaiwui eina awui manglachi wuklungwui eina ngateithui haowa. Vareli chan khangazekchi chatkahai eina khamashung kala wuklungli pemakasa manglawui thangmetchi maleithuda makhamashung, ningkakachai, yuikashi kala ning khamarar hikathatha hina mirinli pemhaowa. Adamli makhamashung maleirang lakhava 'wuklung' kachiwui tui hila mamatuiransa mana. Awui wuklung chi manglala ngasai. Kha morei sada makhamashung khara eina 'wuklung' kachi tuihi shichin phok haowa.

Adamna morei sakahai eina mirin atha kala manglali ngayur kasa wuklunghi makhamashung pamkhavai ngasa haowa. Pailak eina hangkha khamashung wuklung chili kacharra wuklung kala makhamashung wuklung chili kazika wuklung hoi. Hithada Adamna morei sakahaiwui eina kaphara naongara bingchi makhamashung wuklung phothuiser haowa.

Khangacha kachihi Ningchukwui Shimphunna

Haokaphok eina mikumo wuklungwui asak avat-hi 'khangacha (nature)' chieina ngasoi. Kapharawui eina mi akhawui khangacha kachihi mashok mana. Awui rarkasang chiwui eina khangacheichi leiluishitda. Ngaleipa chili khimamei sanglakha khamanāt thada mikumo hila mi eina kathei, khana eina kasha kala ningli rakazang saikorahi manatlakha mi akhawui khangachachi shokka.

Adamwui naongara saikorachi khamashung eina makhamashung khani hiwui wuklung leida okthuikaser haowa. Apong akhali hangsa chikha athumli kaphawui alungli pharalala makapha chiwui alungli okthuika akha makapha nao ngasa haowa. Laga athumli kapha tamchitheida nganaoka akha makaphawui changchi nemmeida leira. Hithada mi saikorawui khangachahi ngateiserra.

Mikumo khangachawui maramhi theikha ningchukwui maramla paida theipai, maramma ningchuk hiya khangacha chili shimphun sai. Khangacha eina kapha kala makapha khanihi nathumwui ningchuk manga eina bichar salaga khuishap serra. Hi ningchukna. Hithada mi akhawui ningchukli khamashung kala makhamashungwui apong khaninihi leiserra.

Atam thuimaman okathuihi makapha kala morei chungsang maman mibingwui ningchukla makhao mamanda lei. Mibingna ava avawui makaphachi shakhui maman kala athumna okathuiwui makapha hilila zanghaowa. Hithada naothot naothot vahaowa. Athumwui ningchukchi makhao maman pao kaphachi khuisangkida saklak haowa. Kha Satanwui makapha otchi sakida pailak haowa.

4. Phasawui Otbing

Ainwui athishurda mi akhana morei sahaikha chiwui saman leipa pamma. Varena athumli ning ngatei khavai chance mida khāngmi, kha athumna matheithu akha chang khayang, kasui kala kala kashi rahaowa.

Mi kachivahi moreiwui khangacha eina phara serra. Kaja Adamwui eina haophokta moreichi rahaowa. Chancham sada marakhaliya tui makashok angangnao eina tangda yang eina chapamma. Marakhaliya ithumna masuikhui akha khak masuirarla chapva kahaila ngavai. Naodava malung kanghaida suikhuishilak kahaila ngavai. Hithada angangnao eina tangda malung kakang, sakashi kala makapen khalei saikora hikathahi ava avawui eina khara ngasa haowa. Hi mikumo saikorahi morei leiser haida kachina. Hi haokaphokwui morei china.

Himang maningla mikumohi rarsang maman morei samamanna. Magnetli mari khanap thada phasawui apongli kharinga athumbingli makhamashung kala moreihi napser haora. Hithada khalatta morei kasahi apong khanina – wuklung cina morei kasa kala otsak eina morei kasa. Morei khangatei chiwui athishurda bichar sara (1 Corinthians 5:10). Otsakwui morei chili phasawui ot hoi.

Phasa kala Phasawui Otbing

Haokaphok 6:3li hanga, "Chieina Prohona hanga, 'Imangla Mili mangasoluilak mara, kaja a phasa kaka mina kha ana zingkum shakha maka okthuira.'" Hili 'phasa' kachihi mikumowui khangacha phasa hili kahang maning mana. Hi mikumowui morei kala makapha chili kahangna. Hikatha mi hina katang mavaila Vareli mangaso pampai mana, laga athumli mahuimipai mana. Adamli Eden Yamkuiwui eina shiyamthangwui eina thuida awui nao ngarabing phasawui ot sathui haowa.

Atam chitharan moreiwui eina lat-ung khavai hangkhamachin sada Varena khangaronga Noahli marikhong akha sangasakka. Kha ashi shimkhurwui mi maningla kateiva marikhong chili mazang ngaithuwa. Moreiwui saman hiya kathina (Romans 6:23), da hangkahai thala Noahwui atamli khalei mi kachivali tara eina shiman ngasak haowa.

Ara 'phasa' kachihi mangla eina kathada theikhui khala? Hi makapha wuklungwui athishurda ot sakashok chili hanga. Apong katei eina, kakharam, malung vatkazar, ningkakachai, yuikashi, ning makathar, ning khamarar kala sakakhaiwui otsakbing hina. Hikatha hili 'phasa' hoi, kala otsak eina kachithei makapha ot chili 'phasawui ot kasa' da theikhuiya.

Kha otsak eina masakashok ningli kasa morei chili 'phasawui otbing' da theikhuiya. Phasawui otbinghi makhamthura chikha thangkha mathangkhava phasawui ot kasa ngasa haora. Hiwui maramli Part 2wui 'Mangla Semkakhui' chili kupmeida meikhaira.

Phasawui ot-hi phasawui ot kasa ngasathang makhamashung kala ain makhangavachi shokka. Ithumwui wuklungli moreiwui khangacha khalei chili makhamashung maho mana, kha otsak eina sashokthang chili kahangna. Ithumna phasawui ot kala phasawui ot kasa khanihi wuklungli leiching ngasak-hai akha Vare eina mikumowui ngachaili phakho semkaka kachihi kashokna. Hithada Satanna ithumli suihaora. Varena mangākmi thuda accident makhaning shok-haipai. Varena mayangsang mithukha ithumna akhama khi shokra khala kachi mathei mana. Hikatha maram hieina Varena ithumwui seiha kasa mashami thuwa.

Phasawui Ot Kachithei

Okathuili moreina pemkahai tharan matailak eina suikhangarui eina ningwui ningkachang kachipuihi shokka. Sodom eina Gomorrahhi phasawui ningkachang kachipui himangli phathui haoda mei eina sashiman haowa. Pompii city hi kathei eina societychi kayakha makathar khala kachi nathumna thei.

Galatians 5:19-21li phasawui ot kasawui maramli chithei hai:

Mikumowui khangacha china sakhangaichi theipailaka, chiya suikhangarui, makathar, mitun makhangatun; meomali khokharum, khangama, mikpai kashi, malung khavat, kakharam, michang kakhom, kaikhangarok, yuikashi khamarip, khamang kazali akachang kasa kala hikathatha khangatei ot kasa khalattana chithei. Rida hangkahai thada aruila hangluishitli: hikatha ot kasabingli Varewui wungram malei mana.

Aruihon atamli phasawui ot kasahi okathuili pemdalei. Hikatha ot hiwui vang ina chancham saga.

Rimeithuida hi suikhangaruinna. Suikhangarui kachihi phasa kala mangla shonglapai. Phasa shongli shanao mayarnao phasa khangaso hina. Hi ngala khamkahai athumbing lila masakapai otna. Aruihon atamli novels, movies, or soap operas kathali khamathangwui ama yeksang kala chitheida lei. Hithada suingarui khavaiwui ot-hi apong kachungkhali kathei samphangda lei.

Laga shitkasanga bingwui mirinli manglawui suikhangaruila leida lei. Hiya mibingna pangmaya khayangbing kala laiva kashonbingli vada khimamamei phasali hokthang (amulets or charms) kasang hikathali hoi (1 Corinthians 10:21). Vareshi bingna mirin, kathi, sokhami, kala khonshat mikashappa Vareli maningla meoma kala kameoli chihanzat kahai kachihi Vareli manakashina.

Kakhaneli makathar kachihi khamathang shokngasakta makapha ot kachungkha sashok ngasakka. Hikathahi suikhangarui mang maningla sayur vayurli phasa khangaso, mi ashangva sakhuida phasa khangaso kala shanao eina shanao kala mayarnao eina mayarnao phasa khangaso shokka (Pangmonshi 18:22-30). Hithada morei chungsang maman makapha otla chungsang mamanna.

Hikatha ot kasahi Varena mamaya mana (Romans 1:26-27). Morei salaga huikhami masamphangpai mana (1 Corinthians 6:9-10), hikathahi Varewui miktali ningkakachai otna (Khalatlui 13:18). Ngasho ngacheida phasa khangaso, shanaona mayarnaowui sari khangavai kachihi Varewui miktali mamayamana (Khalatlui 22:5).

Kakathumali meomali khokharum kachihi Varena ningkachai. Hila phasa kala manglawui apong khanini leipapamma.

Phasawui apongliya kasa akhava Vareli phathaga machila thing ngalungli khokharum hina (Shongza 20:4-5). Thing ngalungli sakchangda khokharumwui khonshat-hi thot kathum mati vashunga. Athumbingwui mirin chiya Satanna kachot kachang tarakha mida shimkhurchi khon kazarna pemtinghai.

Hiwui ngachaili kaikhava kameo kazang, ning makapei kala zamli takazang kachihi shokzar lakka. Hikatha shimkhurli phara kasangbingna Jesu Christali khuisang hailala Satanna athumli rekharek nganao pamma kala athumna shitkasangwui alungli mirin phakakhuihi saklakka.

Manglali meoma khokharum kachihi Vareli maningla ot kateili mataimeida leishithui kahai hili hangna. Meeting kaga machila cinema yangthui kahai, soap opera kathali vakahai, kala sport vayangthui kahai, or saran ot saga machila leishinao bingli vathuikahai hikatha thahi manglali meoma khokharum da theikhui. Nathumna Vare maningla sakta khuida khalei shimkhur, naongara, okathuiwui lumshinalo, aman kasakka ot, pangshap, aming kazat kapha, kakharam, or thangmet hikatha thahi meomana.

Khamateli chipeewui pangshap manga eina laiva kashonwui ot kasa hina. Vareli shitsanglaga pangmaya khayang bingli mava ngayao mana. Laiva shonlaga khimamei shok khangasak kachihi mashit kasang bingwui otsakna. Hiwui manga eina phakhavai salala makapha chungsangra.

Chancham sada laiva shonlaga problem ngavata khavai kasa kachihi problem chungsang khavaina. Hunnakha liya kapha apong thada theira, kha kha leilaga makapha china ali khorumthuihai khavai hakhamei problem shirenra. Marakhaliya khi shokra khala kachila phongmira, kha kachangkhatva makapha manglahi futurewui maramli matheirar mana. Athumna phasa khavaiya mibingli minamda khimamei hangka khaningna, hi athumli khorumthuihai khavai aworna. Laiva kashon kachihi mibingli phei ngaphok khavai sai, chiwui vang ning ngasharki kachina.

Kaphangali yangkharing khangarok kachihi ningkachai khangarok or makapha ning phaning khangrokna. Hikatha hiya mili sashiman ngasakka. Hikatha ningai khalei hina mili maningchang ngasak mana. Hithada wuklungli ningkakachai kachihi leihaikha chi ngawokhaida makapha ot sashokka.

Katharukali michang khom khangarok kachi hina khon kazar kala macha khangarok shok ngasakka. Hithada churchli eina tangda ning ngatei ngarokta michang khomngarok pamma. Mibingna makapha tuila matui ngarokta phen ngarokka. Chiwui eina church kakai shok haowa.

Kashineli mamamaya khangarok (opposition) kachi hina kachichawui kaphaning ungshung khavai sada kaingarokka. Shimkhur eina tangda kaingarokta church vashung haowa. Davidwui nao Absalomna awui kaphaning ungshung khavai avāli minamda kaishok haowa. Ana ngakaishida awunga sakhavai sai.

Hikatha mili Varena mamaya mana. Hiwui vang eina Absalom ngachee khangacham apong eina thihaowa.

Kachishatli faction khalei hina. Hikathahi chungsang kahai tharan minamma shokka. 2 Peter 2:1li hanga, "Khare kachangla minamma maranbing shok-haira. Chi takam eina nathumwui lungli minamma ojabing shokra. Athumli kankhami akhavalila mamaya mada shiman khavai kala makhamashunga tui tamchitheira. Chieina athum khalattali athumwui tamkachithei china shiman ngasakra." Mikhanam kachihi Jesu Christali mamaya mana (1 John 2:22-23; 4:2-3). Athumna Vareli shitsanga chilaga Trinityli or ithumwui vang ashee shokkhamiya Jesu Christali mamaya mana, hithada makapha ot khuirai. Minamma kachihi Jesu Christali makhamayana kachihi Biblena tharlak eina hanghai. Hithada athumbingli ningasharki kachina.

Kachikoli yuikashi kala kakharamhi kathak eina leihaowa. Yuikashi kachihi miwui kapha kathei tharan mipa chili yangkharing phoka. Hithada yuikashi kachihi leihaikha kaikhavai apong tarakhala rahaowa. Mibingna Davidli leishi kahai tharan Saulna yuishi haowa. Chiwui vang eina Davidli sathat khavai sada pangmon bingli kashamser haowa kala Davidli ngathum kahai konung chila sakhayang haowa.

Katharli zam khamarip hina. Tara kaphongwui thili Noahna

zam maripta makapha kasa eina sakashiman kachungkhala shokka. Awui khayon hangkhami vang anao mayara kakhane Hamli khonshiya.

Ephesians 5:18li kapi hai, "Zam mangda mamarip alu, kha Mangla Kathara eina pemting hailu." Kachi katha mina glass akha khamang hiya khikha matha mana da hanga. Kha glass akha ranu khani ranu nathumna mangda marip-haikha chila moreina. Langmeida zam marip haikha control masarar mada morei tarakha sai.

Bibleli zam khamangwui maramli hangda khalei hiya Israel ngaleili tara tanghaoda chiwui mahut sada sugar kazanga drakhathei kathawui eina surkakhui hikatha zamhi mangkhavai Varena mayakhami mana (Khalatmui 14:26). Kachangkhatva zam khamanghi Varena mamaya mana (Pangmonshi 10:9; Mishan 6:3; Chancham 23:31; Jeremiah 35:6; Daniel 1:8; Luke 1:15; Romans 14:21). Varena kachi katha special salak kahai maram chiwui vang zam khamanghi mayami. Thalala atheirawui eina surkakhui zamna (hila chungda mang akha marippa). Hina maram sada Israelnaoli atheirawui zamhi shichin khangasakna, kha athumna ringpha nganao khavai mamang mana.

Khanaowali party kasa kachihi zam, shanao, gambling kala khamathang khamarangwui ot zanga. Hikatha mi hiya mikumo akha sada athumwui saran ot masarar mana. Kachi katha mi akhana khalatta control sada maringrar akha partyli kazang kathana. Hikatha mina Proholi khuisang haira chilala Vareli wuklung mamichaorar mana, hithada kazing wungram mazangrar mara.

Kazing Wungram Makazangwui Kakhalat

Arui eina tangda ithumna phasawui ot kasa maramli zatta lei. Khi khamataiya maram leihaoda phasawui ot-hi sahao khala? Hi athumna Vareli makhuisang kharar wui vangna. Hi Romans 1:28-32li maikhai hai: "Athumna Vareli theikhangai ning makhaleiwui vang Varena athumli makhamatha kala makhangayi acham aram zatngasak haowa. Athumwui makapha makhaya, zakashi, khangamar kala mikpai kashiwui acham, yangkashi shaokathat, ngama khangazai, katei kaza shiman khavai kasa, kala morkashapna pemting hai. Athumna satkakharatta, Vareli nuingkakachaiya manakashi langkaso, kachor kashe, kachipata, ava avawui kahang makhangana, mangkhama mashitsang kapai, kala lukhamashan makathei bingna. Hikatha ot sa-akha thira kachi Varewui ningkhamichi theilala athumna chi kasa mang machila khangatei kasa binglila mayami."

Nathumna phasawui ot sahaikha kazing wungram mazang marada kahang lei. Nathumwui shitkasang ngazanhaida morei kasa chiwui vang mahuimi mara kachiva maningmana. Kadhara vareshi bingna shitkasang ngazanhaoda khamashung mathada makathei chiwui vang huikhami masamphang mara kachiva mamashung mana. Mi kachiva mapung mapharang eina tangda khayon khamang leiserra, chiwui vang Prohowui ashee manga eina moreichi kapheola pheomi shappa. Kha athumna latkhaung maleila morei sapamhaikha huikhami masamphang mara.

Thikapaiwui Morei

1 John 5:16-17li hanghai, "Avanao akhana mathikapaiya morei kasa nathumna thei akha, rigkhangasakka Vareli seiha samilu. Hi mathi kapai morei kasa bingli kahangna. Kha thikapai morei lei, chikathawui vang nathumna Vareli seiha masamiulu. Khangui khalang kasa saikora morei serra." Kapi kahai athishurda thikapai kala mathikapai morei lei.

Ara Varewui kazing wungram mazangpaiki kachi thikapai moreichi khikhala?

Hebrews 10:26-27li hanghai, "Khamashung kahochi theikahai thili, saphalungra da morei saching akha moreiwui vang phakaphaya maleilui mana. Kha taikahai saikorana raki kachi bichar chili khangachee eina ngaraira kala Vareli ngakai kashibing saikorali mei eina shiman ngasakra." Moreina kachi thatheilaga ithumna morei sapamhaikha Vareli makhamayana. Hikatha mili Varena ning ngatei khavaiwui pangshap mamimana. Hebrews 6:4-6 lila kapihai, "Varewui kahor samphang kahai bingna kazingramwui sokhami mazapyang hailakha, Mangla Katharawui apongla samphanghai lakha Varewui tui athumna theishingkhui hailakha, raki kachi thotwui pangshapla phaningkhui haida, thatheilaga mai ngareithui kahai bing, ning ngateikhuiki kachi masakapi otna, kaja Christali athumna krush tungli shaoshanda yarui mangali maishi ngasak haira." Nathumna kapha kala Mangla Katharawui maramli theikahaiwui thili Vareli chipat akha ning ngatei khavaiwui pangshap maleida kahui masamphang mara.

Mangla Katharawui ot chili makapha manglawui otnada chipat akha mahuimi mara, kaja hikatha hiya Vareli kala Mangla Katharali kachipatna (Matthew 12:31-32).

Ithumna mapheomi kapai moreichi masalakki kachina. Hikatha moreihi kateowa morei kazipsang maman kachi einala shokpai. Chiwui vang eina ithumwui wuklungli atam kachida khamashung kachichi leiki kachina.

5. Hatkakhui

Mikumo hatkakhui kachihi mikumowui thotchanli khanaowa bichar maungshungrang lakha eina tangda Varewui nao shokhavai kasemwui processli kahangna.

Hatkakhui kachihi lui khavanaona shairanra tada ot salaga atha yaosangda athei kazip kakhui kathana. Varena rimeithuida Adam eina Eveli atha akha sada okathuili yaosangda kala chiwui eina mathang mathang Varewui nao shokngasak khavai sai. Hithada aja rashungda Ana hatkakhuiwui ot sada lei. Varena mikumohi kahang makhangana eina khanang khuira kachihi rida theipinghai. Kha thalala makapha ot horhai mamanda Varewui nao shokma manra kachiwui vang Ana hatkakhuiwui ot arui eina tangda sada khaleina.

Mikumoli ngaleipawui chifa eina semkhuiya, hithada ngalei chiwui asak avat zangda lei. Nathumna luili atha yaosang akha kharmamanda athei matheira. Hithada ngalei china mirin kadhara khamiwui pangshap lei kachihi thei. Laga ngalei chili nathumna khi sangkhala kachiwui athishurda pangshapla ngateira. Mikumola hieina ngarai. Malung vatkazarra mi china khangacha eina malung vatchingra. Kakapikka athumnala khangacha eina kapikchingra. Adamna morei sakahaiwui thili awui naongarabing eina tangda phasa khavaiya sathuida kathak eina makapha apongchi leihaowa.

Hina maram sada mikumona hatkakhuiwui alungli zangda athumwui wuklungchi thamatheng pahlungra. Chiwui eina mikumoli khiwui vang ngatang kakhui khala kachi theira (hi Adamna morei masarang lakhawui wuklungchi leikhavai kasana). Varena mikumoli ngatangkhui khavaiwui maramli phap takhavai Bibleli chancham kha mihai (Matthew 13; Mark 4; Luke 8).

Matthew 13li Jesuna ithumwui wuklunghi shongfa phei, lungkai, kashat alung, kala leithaokhalei pam hikatha thali chancham sai. Ithumna Varewui ningkachang kachi katha leithao shok khavai sara khala kachi check saphalungra.

Ayur Matiwui Wuklung

Rimeithuida shongfaphei ngalei kachi hiya mina zathaoda mara lakka. Apamhi luipamla maningthuda khikha atha yaosanglala makhar phalung mara. Hili mirinwui ot maleimana.

Mangla eina shogfapheiwui ngalei kachi hiya pao kapha makhui kharar wuklung chili kahangna. Langsot leihaoda athumwui wuklung chiya maralakka, chili pao kaphawui athachi makharar mana. Jesu Christawu atamli Jehudiwui kathanna bingchi ning makanglakka kala traditionli ngaphongda Jesu kala pao kaphachi makhuisangrarthu mana. Aruihon atamlila shongfapheiwui wuklung katha hiya mararlakka. Mibingwui ning khamong mashomada kaphapao kahohi mazangrar mana.

Shongfaphei chikli leithao malei mada atha makharar mana. Chiwui vang eina vanao bingna athachi rangakongshai haowa. Hili vanao kachihi Satanli kahangna. Satanna Varewui tuichi khuithui haida mibingna khikha shitkasang maleithuwa. Mibingna kaho eina athumna meeting rakai, kha Varewui tui hashokta khalei chili mashitsangrar mana. Hashokta khalei tui chili athumwui ningkap eina bichar sanganaowa. Hithada wuklung mararda khamong masho khami bingna huikhami masamphang mara.

Kakhaneli shongfaphei apam chiliva lungkai khalei apamna kha phamei. Shongfaphei wuklung khaleibing chiva Varewui tui chili shitsangkida saklakka, kha lungkai kathawui wuklung khaleibingva athumna kasha tuichi phap tashappa. Nathumna lungkai khalei pamli atha yaosang akha athachi khar-ukida ngawokakhai nathumna theira, kha mathada makharthei mara. Mark 4:5-6li hanghai, "Kaikha ngalei tarakha makhalei lungkuina pemting kahai apamli tazangda thaklak eina kharshokka, kachiwui vang khala kaja ngaleichi mathuk mana. Kha zimik kashok eina alungbingchi angayung thukta makhalei wui vang ngahui haowa."

Lungkai kathawui wuklung kaphonbing chiva Varewui tui chili phap tara kha shitkasang eina makhuisangrar mara. Mark 4:17li hanghai, "Athum khalattawui lungli angayung maleithuda kashakha ringa, kha tui chiwui vang kachot kachang, rekakharek khara chitharan yamhaowa." Hili 'tui' kachihi "Sabbath khamayon, tithe khami, meomali makhokharum, mi kateili malung khanim eina otram khangatha' hikatha thali hanga. Athumna Varewui tui shakhaleo khuisang khavai hotnai, kha kachot kachang khara tharan manganing kharar shokka. Varewui lukhamashanchi samkaphang eina athumna ringphai, kha kasak atam khara eina athumwui ning ngachei haowa. Athumna Vare tui chili shada phap tai, kha chiwui athishurda maokthuirar mana. Maramma athumwui wuklungli ngatangkhamiwui ot maleithu mana.

Kakathumali kashat kathawui wuklung khalei mibing hiya Varewui tui shakhaleoda chiwui athishurda ringkhavai sai. Kha tui chili mamayonchaorar mada kapha atheichi mamatheirar mana. Mark 4:19li hanga, "Kha okathuiwui lanli ningchangmeikahai, kashang leishimei kahai kala khangatatei otli kakahaona yuihaida tuichi shangthat haowa kala atheila mamathei ngasak mana."

Hikatha wuklung khaleibinghi Varewui tui athishurda kharing thai, kha kasui kala chang khayangna maram sada rarkasanghi huilakka. Hi okathuiwui khangachali ngarum kahai eina Varena ot kasa matheirang thukada kachina. Chancham sada leiman chungna kahaiwui vang eina phatopli vakapai lei chihaosa. Atam hitharan saklala sakta pheisachi katateo eina runmaman-ga kachihi Satanna suida chi masangasakthu mana. Hithada saklala sakta khamashung eina saga chikha Varena ngachonmi, kha athumna Satanwui kasui chili mayami haowa.

Athumna Varewui tui chili shurngailala mikumowui ningchi leihaoda chi matharar kachangkhat mana. Ot saikora Vareli horsang haorada seiha salala khalattawui theikakhui lungli sachinga. Athumwui ningna vaida kapha kahochi mashok mana. James 1:8li kahangva hikatha mi hiya ning khani or ningkhamaong khalei bingna kachina.

Kashat lungli kaphor athachi kharhaoki kachi thada hikatha mi hiya khikha hapkakhano makhalei thada phaninga. Kha kharmamanda chuikasang eina masakapai khaleichi ratheinaora. Hithada Varewui tui kashurli hapkakhano leihaikha maram kateonaona chilala khuithuihai phalungra.

Khamateli leithao khalei ngalei kachi hiya lui khavanaona mathada chuikahai apam chili kahanga. Khamrara ngaleichi chuikhaida ngalung kala kashat kathachi kapangshok-hai. Hiwui kakhalatva Varena masaloda kahangchi nganai kala moreila masamana. Khikha ngalung kala kashat thada hapkakhano maleithuda athachi yaosanglaga kala kharlaga athei matheida 30, 60, or 100 mataida hatkhui. Hikatha mibingwui seiha chiya Varena ngahanka miya.

Ithumwui wuklunghi karangkha eina tangda ngaranhaira khala kachi kachihi Varewui tui kayakha sakta khuida leikhala kachi hina chithei. Leithao khalei thada nathumwui wuklungchi ngaranmaman Varewui tuichili thishurkida masak mana. Kachikathana Varewui tuichi shai kha chot-haida, ngachang shihaida kala makhamashung ning leihaida tui chili mashu mana. Kha leithao khalei wuklung katha hiya athumna Varewui tui shakhaleoda chili shurkida masak mana. Vareli ningyang ungra kala Awui kaphaning ngasalapai kachi theihaikha ot kangkang sai.

Nathumwui wuklung ngarankazak mamanda leikha nathumwui yangkashiya bingli nganai mamanra. Hiliya nathumna rida mapaheomirarla leikasa athumli pheomishap haora. Yuikashi eina mili bichar kasa kachihi leikashi eina lukhamashan onhaora. Langkaso ninghi malung khanim eina otram khangathawui ning onhaora. Hithada hikatha makapha masa khavai kasa kachihi ngaleili leithao leikhangasak kathana.

Hiwui eina Varewui tuichi atha thada yaokasang eina kharshokta Mangla Katharawui athei chiko kala kahorwui atheichi mathei.

Nathumwui wuklungchi leithao khalei thada sakhaleo atungshongwui eina manglawui shitkasangchi samphangra. Nathumna Varewui pangshap chithei khavai seihala sashapra, Mangla Katharawui akhonla shapra kala Varewui kaphaningla sashapra. Hikatha mi hiya Varena ningkachang athei kathana.

Hamwui Asak Avat: Wuklung

Ithumwui wuklung kashem kachihi hamwui asak avat eina ngarai. Hina mi akhana kathada Varewui tui chili shitsangda otsak eina sashok khala kachi chili kachithei sai. Bibleli sina, silver, thing, or ngaleiwui ham kathahi chitheida lei (2 Timothy 2:20-21).

Athum saikorana Varewui tuichi nganaserra kha ngatateida shakhui ngarokka. Kachi kathana 'Amen' chida khuisanga, kateinava athumwui ningna mamayamada makhuisangrarthu mana. Kaikhana ning tonglak eina nganada thishur khavai sai, kha kaikhanava tuichi nganalaga sokhami samphang kahai thalaga kathak eina malai haowa.

Hithada ngatei khangarok kathei samkaphanghi hamwui asak avat ngatei khangarok kathana. Kachi kathana shingutta messagechi nganai, chiwui athishurda athumwui wuklungli tazanga kala kachi kathana ningsanglak eina tuichi nganai laga chiwui athishurda athumwui wuklungli tazanga. Nathumna ngaraikacha message akha nganalala kasha chiwui athishurda ngatateida theikhuira.

Otsak 17:11li hanghai, "Thessalonicawui mibingliva chiwui mibingna ning hakmei kharra. Athumna chanpaochi ningsanglak eina nganai kala thangkachida Paulna kahangchi kachangkhat mashungka mamashung makhala kachi thei khavai kathara tui pachinga," kala Hebrews 2:1 lila hanghai, "Chiwui vang eina ithumna shakahai khamashunga chili ngazipmeida singphalungra, chithakha ithum chiwui eina mangaphongthui mara."

Nathumna ning sanglak eina Varewui tui chili nganakha ningli haishapra kala otsak eina chitheishapra. Chithada nathumli kapha ham kathana da hangshapra. Kapha ham thada khalei mibing chiya Varewui tui chili kahang nganai, laga wuklung ngaran kazak-hai. Hithada athumwui wuklungchi leithao khalei luipam thada khangacha eina chili takazang Varewui tuichi kharshokra.

Kapha hamwui asak avat kachi hina leithao khalei wuklung kathana kachihi chithei. Luke 2:19li "Kha Maryna ot saikorachi machuklaga awui wuklungli tipsanghai," da hangkahai thala Khamachinva Marywui wuklunghi Varewui tui haikhavai ham kathana. Ana Mangla Katharawui manga eina Jesuli pharara kachi tuichi mayontit-hai.

1 Corinthians 3:9li hanga, "Kaja ithum Varewui vang ot ngarumma bingna kala nathumna Varewui luiyam kala shimna." Ithumhi Varena vada khalei lui kathana. Ithumna Varewui tuihi mathada nganakhuida ot sara chikha ithumwui wuklunghi Varena shichin khavai leithao khalei kala sinawui ham katha onngasak shappa.

Ham katha Wuklung

Hamwui asak avatli khangarai ningpam akhala leifaya. Hi mi akhana awui wuklungchi kathada ngaran kazaklaga shichin khala kachiwui maramna. Hamwui asak avat kachi hina hamchi khina semkhala kachili kachithei sai, kha wuklungwui asak avat kachi hina hamwui kateo kahakli kachithei sai. Hi ayur mati eina theiya.

Rimeithuida hikatha hiya salo kachili langmeida sakashap athumli kahangna. Wuklungwui ngachaili hina phameikappa. Chancham sada avavana room akhawui khamakhaochi phakhui haolu da naoli kakaso tharan chimang kasa maningla roomchi kasala samatha kazak-hai. Nao china ava avawui kachihan chimang masamila langda ot samilaga athumli ringpha ngasakka. Stephen eina Phillip anihi deaconmang kasana, kha anina pao kazatda thada tharra kala kahang nganalakka. Anihi Varewui miktali phalak haoda matakhak kahai otla sashappa.

Kakhaneli athumli salo kachi otmang kasa mibing hina. Hikatha miva athumwui saran otmang sara, kha kateiva maningsang mana. Roomwui khamakhaochi phakhui haolu kachi eina chimang kasana. Athumwui kahang khangana chiwui vangva ringphai kha Vareli mapen ngasakrar mana. Hikatha mihi churchwui alung lila leiya; athumna athumwui saran chiva salaga kateiva matheimi mana. Hikatha hili Varena mapenmana.

Kakathumali ot saphalungrama da kaphaning bingna. Athumma ringkapha eina maningla nur ngaharlaga ot sai. Hikatha mi hiya apong kachivali mashungda maphaningrar mana kala mili khangachonli ngazinglakka. Athumwui duty chimang sada miwui vangva maphaningsang mana. Varena ithumwui wuklungli yanga. Ava ithumwui duty saphalungrama kachili maningla leikashi eina ot kasa chili yangda ringphai.

Khamateli makapha kasabing hina. Hikatha mi hiya ot sangayiya kachi ning khikha malei mana. Laga miwui vangla maphaningmi mana. Athumwui kaphaningna vaida kateiwui vang maphaningmi mana. Hikatha mina church yangkasanga Pastor or kathanna kasa tharan mibingli phei ngaphok ngasakka. Athumma khikha makhaning kashok tharan mimangli khayon phempamra, athumwui saran chiya masamara. Chiwui vang eina athumliya rimeithuida ot mamiki kachina.

Ara ithumhi kachi katha wuklung phonli khala kachi yangsa. Ithumwui wuklunghi teolaksalala hakngasak pai. Hi shok khavai vang atungli hangkahai hamwui asak avat thada ithumwui wuklunghi tharphalungra. Makapha ot salaga kapha ham katha wuklungchi maleipai mana. Hi hapta kachida ithumna kachikat ot salaga sakikachi otla otna.

Kapha wuklung khalei bingna kahakka ot sada Vareli tekmatei ngasakka. Hi Josephwui eina thei. Josephli chinao ngara bingna Egyptli yorsangda Pharaohwui bodyguard captain Potipharwui rao asa haowa. Kha ali rao akha sakhavai yorsang haowada ana machap ngacha mana. Awui saran ot ningsanglak eina sada awui akhavana ali shitsang haowa, kala thongthang katonga yangsangmi khavai mi akha sangasak haowa. Naoda khikhawui vang ali khayon phenda phatopli sanga, kha ana kahang nganalak eina kasa tharan Egyptwui prime minister ngasaluishit haowa. Ana awui chinao ngarali aramwui zat katang kashok chiwui eina kanmida Israel yur akha leikhavai foundation haophokmi.

Ana maphasa akha ali khami ot chimang sasa mara. Awui mirinchila rao sada kala phatopli thada kupsanghaira sara. Kha Josephna apong kachivali ning sanglak eina ot kasawui vang Varena ali shichin haowa.

Ma maningkha Ahik?

Adamna konglui kahaiwui eina thuida atam kasangkha Varena mikumoli ngatang kakhuiwui ot sarai. Atam khara tharan ana machi kapangkhuida kazingramli haira kala ahibingchi Meifali haira. Matthew 3:12li hanga, "Awui pangli yamkok lei kala lanpumli khalei ma hurmatha khuida kapanga machi chumli kazipkhuira kha ahik bingchi mashimit kapaiya meilungli chichuira."

Hili ma kachihi Vareli leishida awui tui athishurda kharing bingli kahangna. Varewui tui kala khamashungwui athishurda makharingbing, laga Proho Jesuli makhuisangla phasawui ningkachang chiwui athishurda kharingbing athum chiva ahik katha.

Varena mi kachivali ma thada sangasakta huikhami samphang ngasakngai (1 Timothy 2:4). Hi lui khavanao akhana atha kachivawui eina athei hatkhui khangai kathana. Kha mahatli ahik-hi zangsa shonna. Hithada ngatangkhamiwui otlila mikachiva huikhami samphang phalungra kachi malei mana.

Hiwui eina ithumna maphaningkhui akha hithada ngahanpai, "Vareva leikashina chilaga kaikhali khiwui vang shiman ngasak haokhala?" da. Kha khalatta mi akhali huikhami kachihi Varena saki kachi maning mana. Hi ithumwui pangli khaleina. Mi kachivana okathuili ringlakha Kazingram varaka maningkha Meifa varakhala kachi kapangki kachina.

Jesuna Matthew 7:21li hanga, "Ili 'Proho, Proho' da khangakaowa mi kachiva kazing wungramli zangki kachi maning mana, kha kazingramli khaleiya ishavawui kaphaning kasa a china zangra" laga Matthew 13:49-50 lila, "Okathui ngachang thanghon hi takam haira. Kazingrao bingna shoklaga makapha bingchi khamashunga bingwui eina ngatei ngasakra. Kala athumli meifa lungli horsang haora. Apam chili mibingna kachapla chapra kala ahala tarira."

Hili 'khamashungabing' kachihi vareshi bingli kahangna. Hiwui kakhalatva ma eina ahik ngatei khangasak thada vareshibingli kapangkhuira kachina. Athumna Jesusli khuisangda meeting kalala Varewui kaphaningchi masakha makapha sachingda lei. Athum hiya Meifali horsang haoki kachi ahik katha manga.

Varena Bible manga eina Awui kaphaning, mikumoli ngatangkakhui, khamashunga mirin purpose maramli ithumli tamchithei. Ana ithumli kapha wuklungchi phonda Awui nao ngara salaga kazingramli zangasakngai. Kha mi kayakhana okathui aremma kala moreiwui otli ngahomzatli khala? Hi athumwui manglana munghaida kachina.

Ning, Mangla, kala Phasa: Volume 1

Part 2

Mangla Kasem
(Phasawui Spaceli Manglawui Ot Kasa)

Mikumowui ninghi kachiwui eina rakhala?
Iwui Mangla Tacham haila?

"Ithumna makhamashunga khangayat, Varewui aworli kashappa mi saikorachi shiman ngasakka. Mikumowui kaphaning saikora Christawui kahang ngana khavai ngakhun-unga. Nathumwui alungli kahang khanganachi theishingkhui kahai eina makhangana bing chili tandi mikhavai ngaranbing haira.
(2 Corinthians 10:5-6)

Chapter 1
Mangla Kasem

Mikumowui manglathihai khaleoda awui phasali manglana munghaowa. Manglahi Satanwui khangaran eina kharana, chiwui eina mikumowui mangla apong ngatateida zathui haowa.

1. Manglawui Kakhalat

2. Phasawui apongli Manglawui Ot

3. Tangkhamang

Vanaoyur kaikhana akhonwui manga eina zat phakashai kala ram katali valaga athumwui phara khavai apamli ha-ungluishit kachi hikathahi theilaga Varewui pangthemhi matakhak haili kachi ithumna kathei samphanga.

Shangkha eina kazingkha thada mapanglala kala fa thada mashinglala Varena apuk apakvawui otbinghi yangsang khavai mikumoli semda saikorawui ali akhava hoi.

Hi mikumoli mangla kala kashi kaphawui ning zanghaida kachina. Hithada thangmet manga eina science wui reikasangchi khuirai. Hi manglali khangayurra ninghi leihaida kachina.

1. Manglawui Kakhalat

Kuingatokli phaning kakhuiwui pangshap, awor kala theikakhuiwui athishurda ot kasa saikora hina ngarumdamangla shokngasakka.

Khiwui vang eina ithumna ning, mangla, kala phasa

kathumwui khangasik-hi theingayi haokhala chilaga ithumna manglawui maramli mathameida theikhavai kasana. Hithakha ithumna Varewui ningkachang manglawui ot kasa maramli theishapra. Manglawui manga eina ithumli Satanna masingkhavai ithumna ning ngasharlakki kachina.

The Merriam-Webster's Dictionaryli 'mangla' kachihi mik eina matheikapai theikakhui, mi akhawui phasa kala mangla khaniwui principle hikatha thali hanga. Kha Biblena ngateida hanga. Mikumowui kuingatokli Varena phaningkhui kashapwui akapchi sangmihai. Hithada phaningkhui kashapwui pangshap chi leihaowa. Ningli theikakhui kazip kahai chili 'thought' hoi. Thought kachihi kathei kazip kakhui kala phaning khaung hili hanga. Khikha ningli kakazip kala chiwui eina awor shokta kashi kapha theikakhui kachihi manglawui apongna.

Mikumowui manglahi computerli kazip kahai datachi phakhuida shikachin hili chancham sapai. Hithada mikumova mangla leihaoda phaningkhui shappa kala phaning shappa.

Data kayakha kazip haikhala kala kayakha phakhuida shichin khala kachihi mi kachivawui kashap tungli lei. Intelligence Quotient or IQhi ridawui eina leikhamaronna (Inheritance), kha hi khikha phalagala samphangpai or sakhuipai. Mi khanili

IQ level ngaraida pharalala anina hotkhanawui athishurda vangateihai pai.

Manglawui Ot Kasa Khamataiya

Ithumwui ningli khi kazip-haili khala kachiwui athishurda ithumwui manglana ot sai. Mina thei, shai, kala feel sai laga thangkachida chi phaning-unga. Chiwui manga eina kashi kapha leida naodawui vang plan semma.

Phasa hiya ning eina mangla haikhavai akhong kathana. Manglana acham aramwui pongli matailak eina ot sai kala kashi kapha personality shokngasakka. Mi akhawui success eina failure kachihi awui manglana kathada ot sakhala kachiwui atungli lei.
Indiali 110 km Kolkata azingshong valaga khalei Kodamuri apamli 1920li hithada shokka. Pastor Singh eina apreiva anina missionary sada leilaga mikumo katha sayur ramfa akhurli kharing leiyada shai. Pastor Singhna vatukakhui tharan mikumo shanano khani ngasasai.

Journal paowui athishurda mikumo maning mana thada zakyui kakhui manada shokka. Aniwui kasa khava chiya ramfa kasa khava thada sai. Akhapava kathak eina thihaowa kha akhapava Gamara phokmida Singhli zingkum chiko ngasopamma laga uremia kaho asheewui kazat eina thihaowa.

Gamarachi ngashun langpongda kahor makhalei roomli pamshon shappa. Ngayaliya ramfa thada khongtarai chinga. Zatla apang eina maningla khamor eina zai. Laga sa thada awui apangla zatvai. Naoshinao bingna vanganaikha aha chitheida khongda yam yam chiya.

Singhna shanao chili mikumo ungta khavai sakchangda hotnai. Zingkum kathumwui eina apang eina zat zaphokka, laga zingkum phanga kaka eina wukakhanangwui azakchi ali kathei samphanga. Ana kathi tamliva fana awui akhavali samphanglaga akhamei kakhayip thada awui emotionchi ringkapha chitheilaga thihaowa.

Khararchan hina kachitheiva mangla hina mikumo ngasa ngasakka kachina. Gamarana ramfawui kasakhava thada rarkai. Ana mikumo akhawui darkar kasachi matheithuda awui mangla chila mareisangrarthu mana. Ramfana nganaoka haokida ramfa thada ringa.

Mikumo eina Sayurwui Khangatei

Mikumo liva ning, mangla kala phasa ngavai. Khamataiya chiya mangla eina ningna. Mikumowui mangla hiva Varena khamina, mashimanpailui mana. Phasana thilaga chifa ngasahaora, kha ning eina manglava Kazingram maningkha

Meifali vara.

Varena sayur kasem tharan Varewui mangla masangmi thuda phasa eina mangla mang haowa. Sayurla kuingatok leihaoda ningva kha lei. Hithada thumla athumna theikahaichi phaningung shappa. Kha athumliva Varewui manglachi maleithukida manglawui wuklung maleithu mana. Athumna kathei kala kasha chiva ningli kazip kahai chiwui athishurda mangla kashokna.

Hashokme 3:21li hanga, "Mikumowui manglana atungshong kai kala sawui manglana ngaleili zanga kachi khipana theikhala?" Verse hili 'mangla' kachihi Varena khami mangla chili kahangna. Hina kachitheiva Jesu mararanglaga Old Testament atamli mikumoli khalei manglachi thisai kachina.

Hithada huimilala mahuimilala mi akhana thikahai tharan awui ning eina manglava thuihaora. 'Mikumowui mangla atungshong kaka' kachihi athumwui manglachi shiman kahai maningmana kha Kazingram maningkha Meifa vahaora kachina. 'Sawui manglana azingshong kata' kachi hiva manglachi thada shiman haowa kachina. Sayur binga thikahai kachi hiva shiman kahaina. Khararchan kaikhali kazikka lāmi maningkha pharava mikumoli athut khuiya da hanga, kha hi makhamashung khararchanna.

Sayur bingwui mangla hiva athumna ringda leilakha atam mangli ot kasana. Athumlakathilio ngacheeya. Athumli shaomi akha yamkhavai sai, kha athut makhuirar mana. Sayur binga Varewui manglachi maleithuda Vareli mapha mana. Khaina rayap mamanda Vareli samphangkhavai sala? Mikumova awui manglachi ngateihang hai. Mikumowui manglava ringkhavai vang mang maningla chukmjada ot sashon sathai. Athumma reikasang kachihi leida kakhalat khalei mirinchi phai, laga theithangkhamei eina dharmawui ningla lei.

Mikumo hiya apong ngatateida ot sashappa, kaja athumliya phasa kala manglawui atungli Varewui manglachi sangmi haowa. Vareli mashit kasanga bingla mangla chi leipa pamma. Chiwui vang eina manglawui apong kachihi mamazā hailala kathei thai kala thihailaga khi ngasara khala kachiwui khangacheehi ningli leishonna. Athumwui mirinva kathi manglana control sai. Hithada athumna morei samamanda Meifali vara.

Manglawui Mikumo

Adamli kasem eina manglawui mi akha sada Vareli chan ngazekka. Chili Varena khami mangla china akhava sada awui manglali munga. Mikumowui mangla hiva phaningkha-ung kala chukhamjawui pangshap leiya kachi mana kha chili khamashung kahohi maleithuda kapha masarar mana. Chiwui vang Varena khami mangla china kapha mirin chili zatkhavai kaso-ung kasovai.

Adamna kashi kaphawui thingtheichi kashai eina awui mangla thihaoda Satanna control sahaowa. Ana makapha ning kala otsak sangmi haowa. Chiwui eina mikumohi khamashungwui eina tathuida ringhaowa. Hithada mikumowui mangla hiva thihaida Varewui thangmet masamphang kharar mangla ngashaowa.

Mikumowui thikahai mangla china huimi khavai apongli mazangrar mana. Hi ridawui churchli shokahai Ananias eina Sapphirawui kharachan chikatha mana. Anina Vareli shitsanglaga kapha ot masa mana. Anili Satanna Vare eina Mangla Katharali kapik ngasak haowa. Chiwui eina anili khi shok-hao khala?

Otsak 5:4-5li kapihai, "Lamchi mayor ranglakha nawui maning mala kala chi yorkahaiwui thilila nawui maningmala? Chithakha khiwui vang eina nana chikatha ot sahao khala? Hiya mikumoli kakapik maningla Vareli kakapikna. Ananiasna tuihi kasha eina kongluisangda thihaowa, kala kasha saikorana ngacheelak haowa. Chiwui thili yaronao bingna ngakarthuida kachon eina romlaga ayarli achizan haowa."

Hili 'thihaowa' kachihi ani kahui masamphangthu mana kachina. Khararchan kateili Stephenva Vareli kahang nganada manglana pemting hai. Ali lungkui eina kahor bingli yang eina seiha sami. Laga ana thikahai eina awui manglachi Prohowui pangli sangmi haowa.

Otsak 7:59li hanga, "Athumna Stephenli lungkui eina horda leilakha Stephenna, 'Proho Jesu iwui mangla khuimiluda seiha sai!'" Ana Jesuli khuisanglaga Mangla Kathara samphangda hithada seiha sai, "...iwui mangla kakhuimilu!" Hiwui kakhalatva ali huimi haowa kachina. Verse akhali 'mangla' maningla 'mirin' da kapi hai. Elijahna Zarephath rameivawui nao mayarali kathiwui eina ring-ung ngasakka. "Elijahwui tui Prohona khuisangmida nao chiwui mangla ungluida ring-ung haowa" (1 Wungnao 17:22).

Old Testament atamli hangkahai thala mikumohi Mangla Kathara masamphangsa thuda athumwui manglachi thida leisai. Chiwui vang eina nao chili kanmi hailala Biblena 'mangla' kachihi mahangmana.

Khiwui vang eina Varena Amalekitenaoli Sashiman haolu da Kasohao khala?

Israelnao bingna Egyptwui eina shokta Canaan khava thara

athumwui shongfali Amalekitenao bingna nganingkham haowa. Athumna Egypt ngaleili matakhak kahai ot tarakha shokahaichi shalala Vareli mangachee mana. Athumna Israelnao bingli rai tai (Khalatlui 25:17-18).

Chiwui eina Varena awunga Saulli Amalekitenao bingli sathatser haolu da kasoi (1 Samuel chapter 15). Hi shanao mayarnao kala khararnaosan mataila sathatser haolu kachina.

Ithumna manglawui maramli matheikha hikatha kakasowui maramli mathei mara. Vareva kapha Varelaga kathada sayurli sakashiman thada mikumoli sashiman haolu da sahao khala kachihi matakhak haira.

Kha nathumna hili shokta khalei manglawui kakhalat-hi theikha khiwui vang Varena chithada sahao khala kachi theira. Sayur bingla ningchuk-hi leihaoda athumli train kasa tharan akhavali kahang nganashappa. Kha athumva Varewui manglachi maleithukida kathi eina thada chifa onhaora. Varewui mangali athumhi aman malei mana. Hithada mangla thikahaibing kahui masamphang mada Meifali vara, laga sayur thada athumla aman malei mara.

Khangacha eina Amalekitenao binghi awor themlakka kala sashilakka. Athumli chance kachungkha milala ning khangatei kachihi malei mana. Kachi kathana ning ngatei khangaiwui ningaichi leikha Varena thada huimi haoki kachina. Sodom eina Gomorrah konungli khangaronga mi thara mang leisakha konungchi masashiman mara kachichi phaning unglu.

Vareva lumashanthei haoda malung mavatzar mana. Kha Amalekitenao bingwui vanga huimi khavai chance maleithu mana. Athum hiya sashiman haoki kachi ahik kathana. Chiwui vang eina Amalekitenao bingli sathatser haolu da kakasona.

Hashokme 3:18li kapihai, "Mikumo naobingwui maramli ina iwukli phaninga, kaja Varena athumhi sayur mayada athumli chithei khavai chang khayangna." Varena chang khayang tharanli arthumhi sayurli mangatei mana. Mangla thihaikha phasa mang ot kasamana, hithada athumhi sayur eina ngaraiya. Kachangkhat eina aruihonwui okathui hili sayurli henkhamei mi kachungkha lei. Athumli mahuimi mara. Sayur bingna thihailaga mirin kup-haowa, kha kahui masamkaphang mikumo bingla Meifali vahaora. Naodava athumhi sayurli eina tangda mashitmei mara.

2. Phasawui Spaceli Manglawui Ot Kasa

Haokaphok mikumowui mirinli manglana phasawui akhava sasai, kha morei sakahai eina manglachi thihaowa. Manglawui pangshapchi shimanda phasawui pangshap mang haowa.

Chiwui eina manglachi makhamshung ot sathui haowa.

Manglawui ot kasahi apong khani lei. Akhana phasawuina akhana manglawuina. Adamwui manglachi ringda leilaga khamashung kahochi Varewui eina samphangsai. Hitamli manglawui ot kasahi malinglak eina leisai. Kha awui manglachi thikahai einava phasawui apongli ot sathui haowa.

Luke 4:6li kapihai, "Ina nali pangshap kala tekhamatei saikorahi mira' da chipee china hanga. Hi ili mikahaina. Chieina ina mikhangaiyali mishappa." Hi Satanna Jesuli kasui china. Chipee china ili pangshap mikahaina da hanga. Hiwui kakhalatva pangshapchi ridawui eina leikasa maningmana. Ot saikora yangsangkhamiya sada Adamli semma, kha morei sada chipeewui rao sathuihaowa. Hina maram sada Adamwui authoritychi Satanli misang kahaina. Chiwui eina mikumo saikorahi Satanwui azingli okthuiser haowa.

Satanna khamashung khangaronga bingli mamungrar mana. Ana mikumoli kapik ngasak khavai manglali control sakhavai hotnai. Hithada miwui ningli makhamashung kachungkha sangmi hai. Manglachi singhaira kachi eina wuklungchi zangsing khavai saluira.

Adamna kharinga mangla akha sada leilakha khamashung

apong mang phaningsai, hiwui khamashunga wuklungchi manglana. Kha Vareli chan khangazekchi ngasam kahai eina khamashung kahohi maleilui mada phasawui pangshapna pemhaowa. Chiwui eina Satannwui makapha aworchi khuitha haowa. Laga hikatha awor china makhamashung wujklung onthui haowa.

Phasawui Ningkachang Horhaolu

Nathum maphaninglak kachi hangshok kahai kala otsak eina sashok kahai maleilak khala? Hi mikumo ithumli manglana control sahaida kachina. Kaja phasawui ningkachang otchi sakhai kahai mang eina ithumwui manglahi mathada ot sai. Thakha kathada phasawui ningkachang athishurda ot sada khalei manglachi kham ngasakra khala? Ithumna rilak eina theiki kachi chiva ithumwui awor kala thangmet-hi mamashung mana kachi hina. Hithakha ithumna Varewui tui khuishapta theikakhui ngachei haora.

Mikumowui makhamashung ninghi sakhai khavai Jesuna chancham eina hanghai (Matthew 13:34). Mibingna mirinwui athachi ningna singhaoda manglawui maramli matheishing khuirar mana. Chiwui vang eina phap tapaimei khavai Jesusna okathuiwui chanchamhi shichinna. Kha Pharisee eina Awui sakhangathabing phap matathu mana. Phasawui ningai eina mang phaningda manglawui apong khikha matheikhuirarthu mana.

Chitamwui ain kathembingna Sabbath thang Jesuna mibingli raikhamihi mamayalak mana. Kha Varena Jesuli leikashi manga eina matakhak kahai ot kachungkha sangasakka. Thalala ain kathemma binga okthuiwui zatkhana mangli yangda Varewui kaphaning matheirarthu mana. Kachangkhatva Jesuna athum khalattawui makapha makhayachi theikhui khavaila kasana.

Luke 13:15-16li hanga, "Chieina Prohona ngahankai, 'He phakakhaningbing nathumna Sabbath thang nathumwui sei maningkha gadha seishimwui eina chihomilaga tara mangkhavai mahomva mala? Chithakha Abrahamwui nao ngalavawui ara aza kashokvali Satanna kum tharada chishat narkahaiwui eina Sabbath thang machihomi ngayi mala?'"

Ana hi kahang eina ali makhamaya binga khayakthui haowa kha mi kateinava sada khaleichi theida ringphakahi haowa. Kachangkhatva athumwui makaphachi phaningkhui khavai chance lei. Athumwui ningchi sakhaimida khamashung theikhavai Jesuna chancham shichinda kahangna.

Phongkhami 3:20li kapi kahaichi ithumna yangsa:

Yanglu ina khamongli nganingda shaodalei, kachi kathana iwui khon shada khamong shomi akha I ali zangra kala ina phazarumra.

Verse hili 'khamong' kachihi wuklung kasholi kahangna. Prohona khamashungwui tui eina ithum wuklung shokhavai sai. Atam hitharan ithumna wuklung ning shomi akha Awui tuichi ithumwui wuklungli tazangra. Hi Proholi ngasoda phaza khangarum kathana. Ithumna 'Amen' kachi tui eina ngasoda Awui tui ngana akha phasawui thangkhamei katonga thuiser haora.

Hangkahai thada ithumwui ning eina wuklungwui khamong shoda pao kaphachi khuisanglaga china mirin athali vaza ngasakki kachina. Hi mi akhana shim akhali yaothui khava kathana. Mi china ayarli nganingda shimva pali ngaraipamma, rimeithuida ana gate shora, laga chiwui eina mipa chili shimlung thanzangra.

Phasawui ningkachangli zatkahai maramhi sakhaiki kachi apong kachungkha lei. Kachi katha liya pao kapha nganakhui khavai wuklung ning khamong shokhami, kachi katha liya kathukka maram hangkachithei, kachi katha liya Varewui pangshap sakachithei, kala kachi katha liya chancham eina hangkachithei hibing hina. Laga kapha pao shakahai athumbing liya athumwui shitksang reisang mahungda leilaga makaphawui apongli mazang ngasak lakki kachina. Shitkasang eina manglali rarkasang makhangava shitkasanga mi kachungkha lei. Hi phasawui apongli zat-haida phaning kakhui makhalei wui vangna.

Phaning kha-ung

Kapha sakida ithumna ningli khi kazip-haili khala kachi kathei darkar sai. Marakhali ithumna khikha thei maningkha shai, kha saikorachi malai kahai shokka. Marakhaliya atam kasangkha thuihailala ina mapehomirarki kachi maramchi phaning-ung chinga. Hi ithumna kathada ningli phunghai khala kachiwui tungli leihaowa.

Ningli kaphung kachihi rimeithuida khikha sakta makhuithu mana. Ithumna shai kala thei, thalala chili sakta makhui mana. Chancham sada train eina na shim ungra chihaosa. Shongfapheili nana gehu eina athei areibingchi kathei samphanga. Hitamli nawui ningli khikha akha leisa akha nana shim ungkashung tharan khikhala maphaning-ung mara. Hithada katamnao akhana classli shingut-hai akha tammi kahaichi khikha maphaning-ung mara.

Kakhaneli casual memory dala leiya. Nathumna window

chiwui eina khikha kathei tharan nashava nashavali phaning-unga. Nashavāna lui khava atamchi phaning unga, laga naoda chi rara phaning-ung chinga. Hithada katamnao chinala tamchithei kahaichi teomameida phaning-unga. Athumna classwui thili hunnakha phaning-ungda naodava malai haowa.

Kakathummali ningli phungkahai kachi lei. Nathumna lui khavanao akha sa akha athei arei kathei chili ning sanglak eina yangra. Chithada theikahaichi nathumna shimli ungsangaira. Nathumna kathatheichi ningli phungtit haida naodala mamalailak mara. Laga classli ojana test kasali khayon akha samphang akha mark 5 katatra da hangkhai chi katamnao china mamalailakla chiwui athishurda lairik papamma. Hithada ningli kakazip hina naodala mamalai mara.

Khamateli kuingatok eina wuklungli tipkasang hila lei. Nathumna wukhanang kapai cinema akha yanga chisa. Chiwui eina nathumna chiwui actor thada yang eina sai. Hikatha hiya ning mangli tangkahai maningla wuklunglila haikahaina. Hithada ning eina wuklungli haikahai hiya kuingatok shoikahai maning akha phaning-ung shonra. Laga kuingatok china shoihailala wuklung liya leichingra.

Nao akhana ashava accident akhali thikahaichi thei akha kayakha chotra khala! Hikatha hiya wuklungli lingsang kahai kathana. Hiya wuklungli leichingda mamalailak mara. Ithumna hithada phaning khaungwui apong mati theihaira. Hi mathada theiakha ningli manglana ot kasawui maramla theishapra.

Malaihaora kachi ot phaning khaung

Marakhaliya malai haora kachi ot phaning ungchinga. Hi khiwui vang khala? Hi ning eina wuklungli tipsang haida kachina.

Mi akhali ningkachai lakka chihaosa. Ali phaning-ung kachida khamalola malongai. Hikatha leihaikha nathumna rimeithuida Varewui tuichi phaning-ungki kachina. Varena yangkashiyali eina tangda leishilu da hanghai, laga Jesuna ali shaokathat bingli pheomida seihala sami. Varena ningkchang wuklung hiya Satanwui makapha marei mara makhalei wuklung hina.

Marakhali maram kateowui eina mi kachungkha yangshi ngarokka. Hina kachitheiva I Corinthian chapter 13li hangkahai malung nimda kateili phap tamilu kachi hili mashur thura kachina. Kapha ot masathura chikha itumwui wuklungla makhao haora. Ithumna rilak eina kaphawui apong mangli phaninghai akha makapha ning leikida saklakka. Kachi kathana nathumli makapha salala makapha ningchi maleithuda "Maram leida kasara' da phaningshap haowa.

Makapha Phaning haira kachi Ithumna Theiphalungra

Ara ithumna ningli makapha phaning kahaihi khi sara khala?

Nathumwui ningli makaphachi leihai akha thada phaningungching haora. Hikatha atamli maramchi theilaga ning ngacheiki kachina. Maphaning-ung khavai masala ning ngachei haoki kachina. Chancham sada khiwui vang mi akhali ningkachai haokhala kachihi ngacheishappa.

Laga mipa chiwui kapha maram theida awui vang seiha samipai. Ali kapha sara kachi phaningda leikashiwui azak sada khikha otnao akha mipai. Thakha nathumna ali phaningda kachot masakhuilui mara.

Ina Proholi makhuisangrang lakha zingkum shini kazada bedli kapi tharan mi kachungkhali ningkachai sai. Kharai kahohi malei mada mririnwui kachihan khikha maleisa mana. Leiman mangli chungsangda shimkhur kaihaowa. Ipareivana thangthangwui ot sai, thalala chot-haida shimkhurwui mibingnala mayangsang mirar thumana.

Chinao ngarabingwui ngasik khangarokchi kaihaowa.

Chitamli ili notha kahai vang ina malung vatlak sai. Ipareivana shimli rara yam-ung kahaiwui maringkapha chiwui tungli ashi shimkhurna ili rara zeimi. Hithada ina athumli mayangailak mana. Kha thangkhava mayang khangai katongachi thuihaowa.

Ina Varewui tuichi shada Proholi khuikasang eina iwui khayonchi phaning-ung haowa. Varena yangkashiya bingli eina tangda leishilu da kahang eina ngasoda Awui nao khalumali ithumwui vang kachikat ot samikhavai mi. Ina chiyakha sashida okthui kasachi khina chira khala! Ina hithada phaningai. Ishachon akhana matik makacha mayarnao akhali favada ot kachungkha vasa kahai atam tharan ina khi phaningra khala? Ina pareigahar aniwui maramli phap kata eina iwui maram eina mina ili ningkakachaina kachichi phaning-ung naowa.

Iwui ning khangachei eina ipareiva shiwui mibingli ningshitha haowa. Marakhali ishili khikha khavat chipemida ningshilakka. Laga hikatha kachot kachangwui eina ina Proholi khuisang shappa kala kazingramwui maramla phap tashap haowa. Iwui ning khangachei eina kagaza chiwui vangla ningshi thaya. Hithada iwui ningkakachai katongachi leikashi onhaowa.

Makaphawui vang Ot Kasa

Nathumwui manglana makaphawui ot sahai akha nathum

mangli maningla kateilila saza serra. Hithada ara ithumna thangkachida makapha ot kasa hiwui maramli yangsa.

Rilak eina phap tayon haida kateili mamaya khangaina.

Mibingna apong ngatateida mazaplaga khina mashungkhala kachi theikhui. Kachi kathana khamatha or ngakheikhang kahai shanvai ningchanga, kha kachi kathana simple kasa ningchanga. Cinema akha yangasengda kachikaliva yangai kachi kathanliva mayangai mana.

Hithada mibingwui maram mathei akha ngatei khangrokchi rahaowa. Soso haha ningkachanga mi akhana awui maningkachang ot katonga hangshok serra. Kha mi akhanava chi mathala ningli phumtit hai. Hithada mikumo ayur khanihi ngatei ngarokka.

Ithumna mi kateiwui maramli mathei akha makapha ot sahaipai. Ithumwui ningkachang mang sa akha kala ithumwui kaphaning chimang mashunga chikha mi kateili mangasorar mara.

Kakhaneli Ithumn Bichar Sahaowa.

Mili bichar kasa kachihi ava hithai or chithai kachili kup

kahaina. Kachi katha ngaleiliva phazada leilaga napkui masipai mana. Ngalei kaikhaliava chi khikha matha mana. Ngalei kaikha liva zat taida maherhaipai mana, kha ngalei kateinava chili khikha sakta makhui mana.

Mi akhana mi akha apang eina phazada khaleichi theida chi kathar ot maningmana da hanga. Chi mathar mana kachi theida ipang mazip kahaina da ngahankai. Kha fork eina shorihi kayakha tharsani khala kachi I mathei mana. Chiwui vang ipang hina tharmeinika da phaninga. Hithada ngarai kacha maramli eina tangda ithumli kathada tamchithei kala kathada ithumna rarsang khala kachiwui athishurda kaphaning kala kasa khava ngatatei ngarokka. Chiwui vang ithumna bichar masa ngarokki kachina.

Kachi kathana athumwui kasa thada saki kachina da kaikhali bichar sai. Kakapikka mihi kateila kapikra da phaninga. Mashat katheibing hinala katei bingla kapika da phaninga.

Chancham sada nathumna mathada kathei shanao eina mayarnao akha hotelli nganingda lei. Hili nathumna bichar sapai, 'Ani khanihi hotelli pamngarumda khaleira. Ani khanihi special salak kahai apong eina yangarokta lei' da.

Kha ani khani hotel chili coffee mangda thada khararchan kasa ngasasa akha nathumna khikha langda maphaningrar mana.

Nathumna khayon thada phenda mi kateili hangzat-hai akha ani khanihi phei ngaphok-haipai.

Makhangayi answerela bichar kasawui eina shokka. Ot kasali huida raching kachi mipali nathumna "Aja na pung kayakhali ot rakhala?" da khangahan tharan, "I ajava atam horzak eina rai" da ngahanka pai. Nathumna khi atamli rakhala da ali ngahanhai akha ali bichar sakapamna da khuida makhanging eina ngahanka haipai.

1 Corinthians 4:5li kapihai, "Chiwui vang eina retkahai atamchi mararang lakha eina tangda ngaraisalo. Chithang hon tangkhamangli thumtit kahai bing kala mibingwui ningli kharin leilaga ngathum kahai saikora phongshokra. Chiwui thili mi kachiva Varewui eina ana masot samphang khangayi chi samphangra."

Individual level mangli maningla shimkhur, soceity, politics, kala country eina tangda okathuili bichar kasa kala mikhanam kachihi leikapta lei. Hikatha makapha hina yangshi ngarok ngasakka kala ringkashi khuirai. Mibingna bicharva salaga kachangkhat maramma matheimana. Marakhaliya athumwui bichar kasachi maram chalapai, kha chungkhamei liva maram machamana. Khamashung leisalapai, kha bichar kachi hiva maphamana. Chiwui vang Varena masangsakngai mana.

Kakathummali chipat khangarok hina

Mibigna mili bichar kasa mang maningla kachipatla chipat ngaroktalei. Websiteli makhaning hangkhangarok eina ning kaza khangarokla leikapta lei. Hithada thangthangwui mirinli bichar kasa chipat khangarokna pemma. Kachi kathana nali greet masathu akha ali khi kashoi leihao khala kachihi phaninga. Mipa china nana kachi makathei lapai or kachi katha akha phaningsada greet masa kapha lapai, kha nanava khi khayon leihao khala da phen haowa.

Chiwui vang eina James 4:11-12li hithada kapiya:

Ivanao ngara, nathum akhana akhali mamashat ngarok alu. Avanao akhana avanao akhawui tungli khamashatla bichar kasachi ainli khamashat kala bichar kasana. Ainli bichar sakha nava ain khamayonna maninglui mana, kha bichar kasana. Ain khame kala bichar same chi Vare manga. Amangna huimi shappa kala shiman ngasak shappa. Okthui kharumbingli bichar kasa na khipanada phaning khala?

Mashat khangarok-hi Varena mamaya mana. Hikathami hiya athum khalattali chipat kahaina. Manglawui otli kachipat hina sakmeida problem leiya. Kachi kathana Varewui ot chili chipatda manashi.

Ili seiha kasa manga eina raimi haowa kachihi mi teomei khana shitsangra. Kha kachi kathanava kathada seiha kasa manga eina raipaira khala da chipat nganaora. Kateinava kakapikna da phenra. Athumma Bibleli kapi kahai Red Sea khangapak, zimik eina kachangna khangasam kala kakhā tara mangkapai hikatha hila awo ayiwui kharachanna da hanga.

Kachi kathanava Vareli shitsanglaga Mangla Katharawui otli chipatta lei. Mi akhana manglawui mik rakta Vareli chan ngazekshappa leilaga hikathahi khayonna otna da khuida lei. Bibleli hangda khalei ot kachungkha athumna mashitsang mana.

Hikatha mi kachungkha Jesuwui atamli leisai. Sabbath zimiksholi Jesuna mili raikhami tharan Varewui pangshaphi Jesuwui manga eina shokngasak shappa da athumna khuiki kachina. Varewui kaphaning maningkha chikatha matakhak kahai otchi mashok mara. Kha Pharisee bingna Varewui nao Mayara Jesuli athumwui theikakhui eina khayon phen haowa. Nathumna Varewui otli bichar sada khayon phenhai akha maram makatheiwui vangna kachi mang maningla morei sakahaina. Nathum ning ngasharki kachina, kaja Mangla Katharali chipathai akha pheokhamiwui chancechi masamphang mara.

Khamate makapha otsak-hi makhamashung tui khangayao hina.

Ithumna Varewui tui hakashokli mibingna athumwui theikakhui eina bichar sada messagechi ngashongachei ngasak haowa. Ithumna horzak kahai messagechi matuichinglala ithumwui mikyan kala kasa khavawui athishurda khalatmi haowa. Chancham sada mi akhali "hey" kachihi malung khavat eina khanimwui kakhalat khangatei thada khuimi haowa. Hithada ithumna horzak kahai message khami tharan kachangkhatwui kakhalatchi shimanmi haowa.

Hikatha otsak-hi sorkasang eina phalatmiser haowa. Marakhali khili khamatui khala kachila shiman ngasakmi haowa. "Chi mamashung mala?" kachihi "Hi mashunga, maningmala?" da palatmi haowa, laga "Ithum plan sada lei ..." or "Plan salapai..." kachi tuihi "Ithum plan saki da lei.." kachi thahaowa.

Ithumna khamashunga wuklung phon akha phalat kakhui masalak mara. Mili phen khanganao machila makaphali kathada nganingkhuisi khala da phaningra. John 21:18wui haokapahok-hi Peterna mashun eina kathiwui maramli Jesuna kahang tuina. China hanga, "Kachangkhat eina ina nali kahangna, nganuilakha na khalatta shanneira neilaga nawui zatkhangaili zatda kha ara rarkahai eina napang khangkada nawui shanneira mi khangateina neimilaga mava khangai pamli thanzatra."

Chiwui eina Peterna Johnli yangda ngahanna, "Proho

hipa kathara khala?" (v. 21) da. Chili Jesuna ngahankai, "... I maralanglakha eina tangda ali ringasakka chilala, china nali khi sara? I thishur malo!" (v. 22). Biblewui athishurda sakhangatha pachi mathilui mara da hanghai. Jesuna kahangva Proho malatra rang eina tangda Johnli ringasakka chilala Peterwui thao mazang mana kachina. Kha sakhangatha bingna tuichi phalatmi haowa.

Kaphangali negative ning kala hard feeling khalei hina

Ithumna phasawui ningai mikpai shi, kakhanang, langkaso, malung khavat hikatha leihaida hiwui eina makaphachi shok haowa. Ithumna ngarai kacha tui shakhuilala ithumwui theikakhuiva ngatei ngarok haowa. .

Chancham sada companywui akhava china shoikahai chili zachada ot kasa bingli hithada hanga, "Phameida ot masarar mala?" Hitamli kachi kathanava manarim eina, "Mei, mathameida saga" da ngahankara. Kha akhava chili makhamaya bingva chithada kahang vang maringkapha leiphok kahaina. Athumna a khalattawui khayonva matheilaga mili matuidava da phaninga.

Maning akha akhava china advise khami sada "Hithada sakha phara" da kahangna chihaosa. Nathumna kaikhana "Chithai, ningshi haira" da ngahankapai. Kha hithada kahang eina kaikhaliva ning saza kahaina. Hina maram sada "I kashap eina tangda phakhavai kasana, kathada nana chi hangpai khala?" da ngakai shikara.

Bibleli Jesuna Peterli zeida kahang lei (Matthew 16:23). Jesuna krush khangkaka atam khara tharan awui sakhangatha bingli theingasakka. Peterna chi masangasakngai mada hanga, "'Proho hangkashar otna. Chikathachi nali mashoklak mara' da hanga" (v. 22).

Chitharan Jesusna ali ringpha ngasak khavai 'Nawui ningchi ina thei, nana kahang chiwui vang ningshiya, kha iva thuiphalung haora' da mahang mana. Kha ali kaharda hanga, "Satan iwui eina thuilu, nana ili sheikhautlaga, khikhala jila nawui kaphaninghi Varewui eina khara maningla mikumowui kaphaningna" (v. 23).

Huikhami kachi hiya Jesuna krush tungli kachot kachang khangkhami manga mang eina raki kachi ngasa haoda Jesuli makhampai mana. Kha Jesuna hangda khalei saikorachi maram leirada theida Peterna kasha masamana. Mayangairareo kahang khangana vang naoda Peterla Varewui pangshap samkaphanga pao kazatda akha ngasa haowa.

Kha Judas Iscariot liva khi shok-hao khala? Matthew 26li Bethanywui Maryna aman kasakka thao khuirada Jesuli rateimi.

Judaswui ningli shivamvai da phaninga. Ana hanga, "Thaohi aman kachungkha eina yorkhuilaga kachamma bingli mihai" (v. 9). Kha kachangkat eina hangsa chikha pheisachi likhuingai haida chithada kahangna.

Hili Jesuli kachifawui maramli hangmaran kahai chiwui athishurda ot sakhami vang Maryli ningshiya. Hili Judasva Jesuna awui tuichi mashakhami vang malung vatfaya. Naolak eina khangaran salaga Jesuli yorza haowa.

Aruihon atamli mi kachungkha makhamashung chili ot sada lei. Thada mi kaikhana khikha kathei tharanli ning masang mada zatkahai mana. Thada mik eina kathei chili vaikahaina. Hithada ithumna kapha sasa chikha makapha otsakli mayangki kachina. Ithumwui ningli makapha kahohi malei akha khikha makapha otsak theilala chili mazang mara.

3. Tangkhamang

Satan Lucifer hiya tangkhmangwui pangshapna. Ana mibingli makapha sangasakka.

Makapha ot kasa kachihi makapha manglawui eina kharana. Okathuiwui makapha ot kasahi Varena awui khangaranchi ungshung khavai mayami. Ngatangkhamiwui ot samaman mangla china masili pangshap leiya. Ephesians 2:2li hanga, "Chikachang nathum makaphawui shongfali zatsai. Nathum Varewui kahang makhangana bingli singda khalei khamasai lungli khalei makathar manglawui akhava chiwui kahang nganasai."

Ngatangkhamiwui ot makuprang eina tangda tangkhamangwui otchi sakhavai Varena mayami hai.

Tangkhamangwui manglabing china mibingli kapikta morei sangasakka. Athumla strict salak kahai order leipapamma. Akui Lucifer china Tangkhamangli munga, laga katei teokhamei mangla athumlila ana munga. Hithada Luciferli khangachon mangla kachungkha lei. Athumbing chiva pangshap khalei dragonbingna (Ref: Phongkhami 12:7). Laga Satan, chipee kala kameo hikathala lei.

Lucifer, Okathui Tangkhamangwui Akui

Luciferhi Vareli laa eina masot khami kazingrao akha sasai. Varena leishida ana kachuiya pamkhongli atam kasangkha pamkhangasak eina naoda langsoda Vareli minam haowa. Chiwui eina awui khamathachi zakkashi onhaowa. Isaiah 14:12li kapihai, "Kazingwui eina na kathada tatunghao! He ngashun sira ngathorwui nao mayara nali kathada ngaleili yortahao miyurbingli chipat kasa na!"

Aruihon atamli mibingna matheimada Luciferwui hairstyle sangarokta lei. Hikatha fashionwui trend eina Luciferna okathui mungkhavai hotnai. Laga ana musicli eina tangda ot sai.

Ana aruihon atamwui computer manga eina mibingli homkhui mamanda lei. Ana okathuiwui kathanna athumli Varewui makhamaya ot sangasakta lei. Ngalei kaikhaliva vareshili rekharek ngasakka. Saikorahi Luciferwui eina kharana.

Langmeida mi kaikhaliva Luciferna magic, laiwa, hikathatha eina homkhui mamanda lei. Ahi mi akhamanglila Meifali homvashap akha kala Vareli mamaya akha da phaninglaga sakchangda ot kasana.

Dragon eina athumwui kazingrao

Luciferwui azingli dragon bingna manglabingwui kathanna sai. Dragonhi sayur akha thada sai da mina phaninga. Kha dragonbinghi makapha mangla khaleipam okathui hili maleimana. Athumma mangla ngasa haida azak mangava mana. Thada hanglaksa chikha athumwui azak-hi chaowui angaji, kameowui amik kala sayurwui akhana thada phonna. Aphei matili shatok kahai ahui kai. Athumhi awukna ngawo kazatta kahakka sayur thai.

Okathui kasa atamli dragon binghi sangmameida mathalak kahai aha kharra. Athumna Varewui pamkhongli kuimareida pamsai. Varena leishida Ali nganai ngasakta pamsai. Athumhi pangshap leilak haoda cherubim kazingrao bingna otram ngathaya. Kha athum eina ngasoda Luciferna Vareli mikhanam eina kongluiser haowa. Hithada dragon kazingrao binghi zakashi sayurwui azak kahaowa. Athumna masiwui lungli mungda mibingli makapha ot sangasakka.

Luciferhi okathuiwui makapha manglabingwui atungli khamungna, kha marakhaliya dragon bingli pangshap mida kapha mibingli ot salaga Vareli ngakaishi ngasak khavai sai. Atam kasangkha haira dragon bingna athumli khorum khavai mibingli suikazat. Aruihon atamli dharma kaikhava dragon katha semkhuilaga khorumda lei. Hikatha mibingli dragon bingna munga.

Phongkhami 12:7-9li dragon eina athumwui kazingrao maramli kapihai:

Chiwui thili kazingramli rai shokka. Micheal eina awui kazingraobingna dragon chili rai ngarara. Dragon eina awui kazingrao bingli ngasoda ngarara, kha dragon chili maikashi mihaoda a eina awui kazingrao bingli mapam ngasak thuwa. Chieina phara kasara, okathui katongali thankhanguiya aming Satanla chipee kaho dragonchi awui kazingrao bingli ngasoda okathuili horta haowa.

Dragonbingna athumwui kazingraoli shichinda mibingli suizatda. Homkui kakhai mibinga mi sakathat human trafficking kathahi mangang mana. Leviticusli hangkahai thada dragon kazingrao binga Varena ningkakachaiya sayur thai. Sayur kachivawui mi sakathat, marei mara kathem, khamakhao maningkha suikhangarui hikatha asak avatwui athishurda mibingwui kasa khavala chitha papamma.

Luciferna dragonwui manga eina ot sai, laga kazingrao bingna dragonna mikahai ot chiwui athishurda sai. Ngalei akhali chansam sakha Lucifer hiya awunga kathana, laga dragon bigna prime minister maningkha general commander kathana. Dragon binga ot sahaora chikha atam kachivali Luciferwui khamaya khuira. Hithada ot katonga Luciferwui khamaya eina sangasakka.

Satanhi Luciferwui Wuklung Phonna kala Awui Pangshap lei.

Wuklungli makapha kayakha leikhala kachiwui athishurda makapha mangla bingna mibingli suizatda, kha kameo binga mibingli chi matha mana. Mibingli ot kasa kachihi rimeithuida

Satanna, kakhaneli devil kala khanaowali kameona. Pailak eina hangsa chikha Satanhi Luciferwui wuklungna. Awui zakyui malei mana kha mikumowui ning kala wunglungli ot sazatda. Lucifer thada Satanna tangkhamangwui pangshap lei. Laga makapha ot sashok khavai mibingli suizatda.

Satanhi mangla ngasa haida (Job 1:6-7) mi akhawui ning tangkhamang chiwui athishurda ot sai. Kapik kazarbingli kakapikka manglana ot sangasakka (1 Wungnao 22:21-23). Mili yangshikathei bingli chikatha manglana ot sangasakka (1 John 4:6). Phasawui ot sakazar bingli khamakhaowa manglana ot sangasakka (Phongkhami18:2).

Hangkahai thala Lucifer, dragons, kala Satan athumhi khangateiwui athishurda otngarutla ngatei ngarokka, kha makapha kasali ningva ngarumma. Ara Satanna mili kathada ot sakhala yangsa.

Satanhi masilungli kazat radio wave kathana. Awui ning eina pangshap-hi ngalangda masilungli zatshappa. Radio waveli antennana tukakhui thada makapha kasa mibingna awui ning eina pangshap ngalangda samphangshappa. Hili antenna kachihi mibingwui wuklungli khalei makapha china.

Chansam sada wuklungwui makapha kachihi masilungli

antenna thada kazat Satanwui makapha chili kathak eina khuishap haowa. Ana mikumowui ningli khalei makaphachi theida tangkhamangwui kasakhava sangmi. Chiwui eina makaphachi kathak eina sahaowa. Hili Satanwui khon kasha hoi.

Hithada athumna Satanwui khon shakhaleoda ningli morei sai laga otsak eina sashokka. Ningwui khangacha makapha china Satanwui ningkachang samkaphang tharan mibingli makapha sangai. Hi rarasang maman kachi eina athumna mi eina tangda sathat sappa.

Satan Works through the Passageway of Thought

Mikumowui wuklungli li khamashung eina makhamashung lei. Jeus Christali khuisangda Varewui nao ngasa kahai chitharan Mangla Katharana ithumwui wuklungli zangda kapha ot sakhavai hotnai. Hiwui kakhalatva Mangla Katatharawui khon kashana. Satanna ayarwui eina ot sada wunglungli zangshunga. Chiya ning maningkha wuklung hina.

Mikumo athumna kasha, kathei kala tamkakhui saikorachi ningli tipsanga. Chieina atam kharali chi shichinna. Hi 'ningchuk' china. Ningchuk kachihi ningli khi raza kala khi kazip-hai kachiwui athishurda khaleina. Otshot akha kathei eina kaikhana kapha apongchi kapangkhui kala kaikhana makapha apongchi kapangkhui. Khi khangachana.

Mi kachungkhali Varewui tui khamashunghi matam chithei mana. Chiwui vang eina athumwui ningli makapha chungmeida leihaowa. Hikatha mibingli Satanna makapha ningchuk leikhavai hotnai. Hili 'Phasawui ningchuk' da theikhuiya. Mibingna Satanwui ot sakha Varewui ain mashurrar mana. Athumna morei sada kathili vatanga (Romans 6:16, 8:6-7).

Khi apong eina Satanna Mikumowui Wuklung Singhao khala?

Khangacha eina ayarwui eina mikumowui ningli zangda ot sakhavai sai. Chancham sada Judas Iscariotwui wuklungli Satan zanghaowa. Hili 'kazang' kachihi Satanwui ot chili maya haowa kachina. Hithada Satanna ali singchao haowa.

Judas Iscariotna Varewui pangshap theikahaina laga ana Jesuli shurzattaleilaga ali kapha kahochi tamchithei, kha ana ningwui makaphachi mahorhaimada pheisaboxwui eina Varewui pheisachi lihaowa (John 12:6).

Messiah Jesuna okathui hili wungpamkhong khuihaora kachi tharan ana yuishida khaya khuikhavaila hotnai. Kha awui kachihan ngatei kahai eina mathang mathang Satanna tukkhui haowa. Hithada ana awui Masterli lupa thumra eina yorza haowa. Satanna mi akhali singkahai tharan Satanchi ali zangkahaina da ithumna hanga.

Otsak 5:3li Ananias eina Sapphirawui ningli Satan zanghaira da Peterna hanga. Chieina anina aniwui lam khayorwui pheisa akaikha thumhaida Mangla Katharali kapikthui haowa. Hi Peterna hangkashapwui maramma ridala hikatha otsak-hi kachungkha shok kahaina. Hithada 'Satan kazang' kachihi mikumowui ningli chipeena ot kasa kachina. Manglawui mik eina Satanhi kazikka leichui thai. Kazikka leichui katha tangkhamangwui pangshap-hi Satanwui ot kasabingwui ngachaili kuinamma. Hithada ithumna Satanwui ot masakhavai rimeithuida ningli makhamashung kachihi maleiki kachina. Langmeida ithumwui wuklungli khalei khamakhao saikorachi khuishok haoki kachina. Hangda khaleihi ithumna Satanwui 'radio wave' chi masamphang khavai antennachi kuishok-hai phalungra.

Chipee (Devil) eina Kameo

Lucifer eina ngasoda khara mangla akaikhahi chipeena. Satan thada masala athumma ngateihang hai. Zikneisei eina athumma mai, natang, khana kala khamor kai. Aphei apangla kai. Chipee hina mikumoli morei sangasak khavai kasui rangasakka.

Hi chipeena makapha sakhavai mokumoli zanga kachi maning mana. Satanwui athishurda chipeena tangkhamang pangshap samphang kahai mikumo athumbingli makapha ot sangasakka kachina. Marakhali chipee china mikumoli direct eina mamung mana. Magician kala laiwa kasabing mangli chipeena khutlai sada shichinna. Athumna mi kateilila makapha ot sangasakka. Hithada morei kasabinghi chipeewuina da Biblena hanga (John 8:44; 1 John 3:8).

John 6:70li hanga, "Jesuna ngahankai, 'Ina nathum tharada khanili kapang kakhui maningmala? Kha nathumwui ngachaili akha chi chipeena.'" Jesuna ali yorzaki kachi Judaswui maramli hanga. Moreiwui rao kasa thumbing hiva huikhamiwui maram maleimana, kha chipeewui naona. Satanna Judaswui wuklung singkahai eina Jesuli yorkazawui makapha otsakchi sashokka. Chipee hiya Satanwui athishurda ot kasa middle-class manager kathana. Kala ana kameobingli mungda mibingli kazat kaza ngasakta makapha chungsang ngasakka.

Satan, chipee kala kameo athumhi maron maronda khaleina. Athum nganailak eina ot sai. Rimeithuida Satanna mikumowui ningli zangda chipee china ot sakhavai sai. Mathangli chipee china phasawui ningkachang athishurda ot sangasakka. Ningli ot kasahi Satanna, laga otsak eina sashok khangasakka chi chipeena. Langmeida makapha kachungkha sakahai tharan kameo china mibingli ungzangra. Hithada kameo china mibingli razanghaikha ning shimanda sakhangangaili sathui haowa.

Kameobinghi konglui kahai Lucifer eina kazingrao chiwui eina ngateiya da Biblena hanghai (Laa 106:28; Isaiah 8:19; Otsak 16:16-19; 1 Corinthians 10:20). Kameova ning, mangla, kala phasa kaphonna mikumo thai. Huikhami masamkaphang bingna thihailaga athumwui manglachi kameo ngasa haowa. Mi kachungkhana makapha manglawui okathui maramli mathada matheishing khuirar mana. Athumbing hiva khanaowa atam marashungrang eina tangda 'mi akhamanglila makapha apongli thanzangshapsi kaja' da ot kasa manglana.

Hina maram sada I Peter 5:8li hanghai, "Mikrinda ngasharlu, nathumwui yangkashi chipeechi kazingkha thada ngirlaga kachi kathali shaikhavai zat-ung zatvada lei." Kala Ephesians 6:12lila hanga, "Kaja ithumna mikumoli khangarar maning mana, kha kazingli khalei makathara manglabing, khamashungbing sashap pangshappa bing kala tangkhamang thotwui apuk apakvawui pangshapli khangararna."

Ithumna tangkhamangwui pangshap chili matazang khavai ning ngasharki kachina.

Chapter 2
Khalatta

Khalattawui khamashung khangarong kachihi makhamashung chili khamashungna da tamkachithei eina rai. Hi leikhaleoda ningwui frameworkchi leihaowa. Hithada mental framework leikahai tharan khalattawui apong khachi theihaowa.

'Khalatta' kachihi Maleirang eina tangda

Khalattawui Mashun Makhui kala Framework

Makapha Mangla ot Kasa

Thangkachida I Thichinga

Ina Proholi makhuisangrang lakha I kakaza atamli martial arts wui novel mang papamma. Chiwui khararchanchi athut kakhuiwui khararchan manga.

Manakhangai akha hithai: herona nganuida leilaga ashavavali yangkashi bingna sathat haowa. Ava ashiwui raopa china kan haowa. Ana rarsang mamanda martial artswui master akhali samphanga. Ara ala master akha sada yangkashi bingli athut khuikhavai hotnai. Novel china kashap eina tangda yangkashi bingli athut kakhuihi mashunga da hanga. Kha Bibleli Jesuwui tamkachithei eina okathuiwui tamkachithei ngateida lei.

Matthew 5:43-45li Jesuna hanga, "'Hithada nawui khongnainaoli leishilu kala yangkashiyali yangkharinglu' da kapi kahai nathumna shahaira. Kha ina nathumli kahangna, nathumwui yangkashiyali leishilu kala rekakharekbingwui vang seiha samilu. Chithakha nathum kazingramli khaleiya navawui nao ngara ngasapaira, kaja ana kaphalila makaphalila zimik shokmi kala khamashungalila, makhamashungalila kazing rotami."

Ina okathui kasa mirinchi leishilakka. Mi kachungkhana ihi ain darkar makasa mina da hanga. Kha ina Proholi khuisangda revival meetingli pao hakashok chiwui thiliya imirinli makhamashung kachungkha zanga da phaningkhuiya. Iwui tuimatui, kasa khava kala ningphanin saikora phaningkhuida khayaklakka. Chieina iwui mirinchi mamashung thurada theida Varewui mangali yang eina ning ngateiya.

Chiwui eina iwuining makhamashungchi sakhai khavai sai. Ina I khalattali mamaya mana. Ina Bible papamda khamashung chiwui athishurda 'khalatta' kachihi mashungkhui khavai sai. Iwui wuklungli morei khaleichi khuithuihai khavai ina kakhum eina seiha sapamma. Hithada makaphachi notha haira kachi eina Mangla Katharawui khon shada ili thanmi haowa.

'Khalatta' kachihi Maleirang eina tangda

Mibingna athumwui wuklungchi kathada semkhuida aman vaingasak khala? Rimeithuida kapharawui eina lei. Nao ngara bingchi ava avawui kasa khava katonga shakhuiya. Korea liya 'ava avawui ashee kakhui' da theingaroka. Kha kachangkhatva asheena maningmana kha kharing kharakli samkaphang or 'chi' hiwui einana. 'Chi' kachihi phasa katongawui pangshap eina samkaphang crystalloid. Kapharawui eina morchaiwui atungli mark khalei nao akha ina thei. Horzak kahai apamli ashavala chithada mark leipapamma, kha operation sada khuishok kahaina. Chithada khuishok hailala markchi naoli mimaronna. Mikumowui naothei sperm eina eggli mirinwui pangshap zanga. Chili ayarwui zakyui mang maningla kasakhava, ningphanin, kala acham aram zangserda lei. Naokhavai atamli avāwui 'chi' china chungmeihai akha ava thada shok papamma. Avawui china chungmeihai akha ava thada shok chiya. Hithada nao kachivali ngatei ngasakka.

Laga mihi rarsang maman khikha tamkhui mamanlaga chiwui athishurda shoka. Zingkum 5 eina haophokta ana kathei, kasha, kala tamkakhui chiwui athishurda 'khalatta' hi semkhui haowa. Zingkum 12 kaka eina kashi kapha theida standard leiphok haowa. Zimgkum 18 'khalatta' kachihi makangkhui haowa. Kha problem akhava ithumna makapha ot chili kaphanada khuilaga sahaowa.

Ithumna okathuili makhamashung ot kachungkha tamkhui ngarokka. School lila kapha makapha tamkhui papamma, kha makhamashung Darwinism eina tangda tamda lei. Ava ava bingnala makhamashung chili khamashungna da tamchitheida lei. Naoshinao akhali naoshinao akhana shaomi haowa chisa. Malung kangda ava avana "Thangkhali kathumshida phazalaga khisada mapangthu, khwui vang poshai hao? Nali akhashida shaomikha khanishi pang kalu! Katei thada pang makamala? Ningasharlu" da hanga.

Naoshinao bingli mi kateina shaomi kahai tharan teolak eina khuimi haowa ithuma. Ara hikatha naoshinao bing hina kathada phaningra khala? Athumhi mangkhamana chiwui vang mina shaokhamina da phaning haora. Kachi kathana pang kaka tharan athumlila pang kangayiya kachi phaning haora. Hithada makapha chili kaphanada theikhui haowa.

Kapha kasa ava avabingna nao ngarabingli kathada tamchitheili khala? "Sweetie, athumli phap takhavai masamarala? Laga yanglu nawui khayon malei khala. Makaphali kapha eina yuikhuilu da Varena hangda lei" hikatha thahi yanglaga atam kala apamwui athishurda hangmazinki kachina.

Atam kala apam kachivali Varewui tui eina naoshinao bingli tamchithei akha kapha ningchuk-hi leishappa. Kha apog kachungkhali ava ava bingna naoshinao bingli makhamashung kala kakapik tamchithei. Ava avana kapik akha naola kapik haowa. Phone rahaida nao ngalavana singkai chihaosa. Chili pang akhana sakhamda avali hanga, "Ava, uncle Tomna hoda lei." Chili ashavana "I shimli mapammana da hanghaolu" da naoli hangasakka.

Hikathahi kachungkha shok-haida phonechi avana singkaka masingka khala kachi yanglaga ana rara singkhuiya. Hithada nao rarsangda leilaga makhaning kachungkha tamchitheiya, laga chiwui eina bichar kala mikhanamhi athumwui ningli leishaowa. Hithada makhamashung ningchuk-hi ningli semka haowa.

Langmeida mi kachungkhahi self-centre lei. Athum khalattawui mangli phaninga kala athumwui kaphaning chi mashunga chihaowa. Mi kateiwui kaphaningchi ngateihai akha athumchi yonna chihaowa. Hithada mi katei chinala chithada phaninga. Hithangarok-hai akha khamaya khuirakida saklak haowa. Hi nganailak kahai pareigahar maningkha naongaralila shok papamma. Mi kachungkhana 'khalatta' kachihi hithada semkhuiya, chiwui vang eina akhawui kaphaning mang china khamashungna da makhuingarokpai mana.

Khalattawui Mashun Makhui kala Framework

Mi kachungkhawui khalatta theikakhui kala standard kachihi makapha manglawui ot kasa manga eina rai. Athumma athum khalatta chiwui alungli okthui. Khalattawui mashun makhui kachihi makapha chili kaphana da kakhui eina haophoka. Khalattawui mashun makhui kachihi athumhi mashunga kachi mang maningla mi kateilila athumwui theikakhuichi mashunga da khuingasakka.

Hikatha mashun makhuihi rarsang kahai eina ningli frameworkchi leihaowa. Framework-hi mi akhawui personality, taste, manner, theory kala thought manga eina semkai. Idea khani khalei atamli akhamang china mashunga kachihi ningwui frameworkna. Chiwui eina mi kateiwui kaphaningchi nganakida kala khuisangkida saklak haowa. Hi mi miwui ning framework eina kharana.

Hikatha ningwui framework-hi thang kachida apong ngatateida kathei samphanga. Ot kateo maram akhali pareigahar ngayat ngarokpai. Gahara china toothpaste chi akhrangshong eina shimet phokka kha pareiva china akuili shimet phokka. Ani khanina ichichawuichi mashunga da nganinghai akha ngama khangarokla shokpai.

Company akhali khipakhawui khangachon mazangla a khalatta mangna ot tarakha sakashap mi akha lei chihaosa. Hikatha mi hiya khipakhawui khangachon mazangla khalatta mangna ot sada rarkaka mina. Hi awui sakashi manga eina khara maningmana. Hithada nathumna mipachi self centre khalei mina chikha makhamashunga bicharna.

Atam kachungkhali kaphawui apong eina khayang tharan khalattawui mashun makhuihi yonchinga. Khayonchi mi kateiwui vang maphaning khami makapha wuklung chiwui eina shokka. Shitkasanga athumla athum khalattawui mashun makhuihi panglakka kachihi mathei mana.

Athumna Varewui tui nganada morei masamana kala kapha sai da phaninga. Hikatha theikakhui eina khalattawui mashun makhui haophokka. Mi kateina shitkasang mirinchi kathada ringli khala kachi athumna bichar sai. Athumna pantam ot sada mi kateiliya athumna phameiya da khuiya. Rilak eina miwui kaphachi thei, kha naoda athumwui khangazanchi khuishok mamanna. Varewui wungramwui vangna chida athumwui kaphaning ungshung khavai mang ot sai.

Kachi kathava athumna theiserra kala mashungserra da matuiya. Athumhi miwui khangazan chili yangda bichar sapamma. Hiwui kakhalatva athum khalattawui khangazanva mathei mana.

Ithum kapha chili mangacheirang lakhava khalattawui mashun makhui chili leiser sai. Ithumwui ningli makapha leida leilaga eina tangda makhamashungawui ot sapamma. Chiowui vang eina khalattawui mashun makhui alungli mili bichar sada mikhanam ot sai. Manglawui raraksang lungli ithumwui ning kala theikakhui binghi khikha maningmana da khuiki kachina. Ithumna khalattawui mashun makhuihi sakhaida khaphawui mangla ot kasahi leingasak phalungra.

Makapha Mangla ot Kasa

Makapha manglawui ot kasa chiwui eina kaphawui mangla ot kasa khangachei tharan mangla rarsangda Varewui nao ngasapai. Hithada ithumna kathada kapha manglawui ot kasa leipaira khala?

Rimeithuida ot katongahi khamashung eina theikhavai sara.

Mikumohi atam,apam kalaculture chiwui athishurda ningchuk ngatatei serra. Nathumna mashunga chilala mi kateinava ngateida khuipai.

 Culture eina environment chiwui athishurda mibingwui value kala acham aramla ngatei ngarokka. Chiwui vang eina ithumwui mikyan eina mi kateili bichar masaki kachina. Kapha phayet khami chiya Varewui tui himanga.

Okathui mina phai da kakhui ot-hi Biblena maya phalungra, kha hikatha makhalei apong kachungkha thei. Nawui ngasotnao akhana makapha sahaowa chisa, kha ngasotnao katei akhali khayon phen haowa. Hikatha case hili ngasotnao chiwui makapha maphongshok khamihi phai da mi kachungkhana khuiya. Kha yonda phenda khaleichi thatheilaga kasainaga pamhai akha Varewui miktali mashunga machilak mara.

Ina Vareli mashitsangrang lakha phakaza atamli miwui shimli yaothui kazat tharan mina 'phaza hairala' da ngahan akha 'mei' da rara hanga. Hi mashunga da makhui mana, kaja hi mili thada yangda kahangna. Kha manglashong einava morei maningchaolala mamashungmana. Hi kathei eina 'Maphaza ranga, kha I arui mazangai ranga' da hangphok haowa.

Khamashung eina theikhavai ithumna Varewui tui chili ngaheoki kachina. Bible palaga okathui hili semka kahai standardchi sakhaiki kachina. Okathui hili chiyakha khamatha ot ngasaranu Varewui tui china mamaya akha ithum masakikachina.

Kakhaneli kapha manglawui ot kasa leingasak kida ithumwui feeling eina emotionchi mashung phalungra.

Kapha chiwui thi kashurhi ithumna kathada theikhui khala kachili matailak eina lei. Ava akhana naoli 'Na chi salui akha pastorna mamaya mara' da kahangchi ina thei. Pastorliya ngacheeki kachina kachihi nao chili theingasakka. Hikatha naohi naoda rarkaka eina pastorli nganaikapam machila tathui kahai shokpai.

Rida ina cinema akhali hithada thei. Shanao akha mafali ngasoda mafa china awui kahungli rara masi maripmi. Thangkha shanao pavahi pida leilaga phara akhana kahungli makeimi haowa. Chi pharana kachi theisi kaja a ngacheeki kachina kha ava mafa chiwui natangna da khuihaowa. Hithada khangachee machila khikha makhaning thada khuihaowa. Hithada feeling kachihi ningchukwui athishurda lei.

Ithumna kathada phaning khala kachiwui athishurda feeing ngatei ngarokka. Harna (Chikens) aka akai, mathan kala kachai kathahi shaiya kha mibingna chili ning kachaiya. Ara ithumwui feelinghi theikakhui chiwui athishurda lei kachihi ithumna thei. Ithumna mili kathada theikhala kala ithum khi ot sakhala kachili mayangla kapha eina saserki kachina.

Langmeikharda ot kachivali kapha eina sakhavai kathei eina kasha kachivali kapha mang ithumna ningli haiki kachina. Aruihon atamli ithumna news paper eina Internet mangli pao khuida lei. Makapha, sakashi, sakakhai, mikhanam, self-centre, awor kathem kala kachipat saikorahi thotchan hili atam kachida shokta lei. Ithumna kapha sakida hikatha makathei kala makhayanghi phai. Kha hikatha hili ngasung phalungra chikha kapha mang yangkhui kala shakhuiki kachina. Kathada?

Chancham sada nganuilagawui eina kameo maningkha mi khangayeiwui khararchan shakahai athumhi ngachakyang eina mapampai mana, ngachee haowa. Athumhi khikha akhawui akhon maningkha akala mathei mashapai mana. Athum mang pamsa akha khikh makhaningwui einala khangachee shokpai.

Kha ithumna kahorli okthui akha Varena makarmida makapha manglana masazarar mana. Ithumwui eina manglawui kahorchi theida chili ngachee thaya. Hi kathei eina ithumwui feeling ngachei shappa. Ithumwui wuklungli makapha manglahi ngachee kapai maning mana da theikha ithumwui feelinghi ngachei shappa. Ithumna okathuiwui tangkhamangli khayui manga eina kameo mazangrar mana, kala athumli Jesuwui ming einala kashamshappa.

Mibingna makhangayi feeling hithadala lei. Zingkum 20wui mamangli church member kaikhali ngasoda apam akhali yaothuivai. Greece ngalei stadium akhali naked statue akha leisai. Chili kapi kahaichi phasa phakhavai exercise kala sport kathali encourage sai. Chili Europewui eina khara mi eina iwui church member athumwui khangateichi ina kathei samphanga.

Shanao kaikhava statue chiwui mangali vanganinda khikha maphaningla photo vanamkhui, kha shanao kateiva mayangrar mana. Athumna makhangayi khalei apam thada mayangsangmi mana. Athumna chili mayang khararchi athumwui ningli makapha khaleiwui vangna. Naked wui maramli athumna machukmajarar mada makapha feeling khaleina. Athumbing hiya statue chiwui maramli study sada khalei binglila bichar sada leilapai. Kha Europewui eina khara mibinga statue chili khikha mangang mana. Chithada semkhui kathei chiwui vang athumna masot mithaya.

Hiwui maramli Europewui eina khara mibingli bichar masangayi mana. Ithumna culture khangatei maramli phap takha ithumwui feelinghi khamashung eina leipai, khayak kapai malei mana. Phasawui apong matheiranglaga Adamna naked eina okthuisai, kaja awui ningli khikha khamakhao maleisa mana. Honda china mathameida thei.

Kakathummali kapha manglawui ot kasahi leingasak khavai ithumwui theikakhui mang mavai mara, kha kateiwuila yangra.

Nathumna khikha khikhali nathumwui theikakhui mangna vahai akha makapha manglawui ot kasa kachungkha shokra. Nathumwui theikakhuina vahaida ngarumkasangla maningkha khuikashokla leihaoki kachina. Chiwui eina phap tayonda bichar sara kala chipatra, laga chiwui eina makapha feelingchi leihaora.

Mi akha accident shokta khama zahaowa chihaosa. Hikatha khangashei matheirang kachi binga chinao chili chira. Nathumna khalattawui theikakhuili mibingwui kaphaningchi khuida lei akha makapha chili haophokka. Nathumna apong khangatei eina phap tashap khavai hotna akha awui khangashei chili mayangaira.

Nathumna mili phap tashap akha mi kachivali chingrihai shapra. Makapha kala ningkakachai ot nathumli maleiki kachina. Mi akhawui vang nathumna kachot samphanglala awui vang rida phaningmi akha mamaya khangai majila lumashanthara. Krush tungli chikat khami Jesu Christawui leikashi maramli nathumna theikha nathumwui yangkashiya bingli eina tangda leishishapra. Stephenla hina. Khikha khayon masalala ali ngalung kakatham bingwui vang seiha sami.

Kha ithumwui ningkachang athishurda kapha ot kasahi kapai otva maning mana. Chiwui vang eina ithumwui tuimatui kala otsakli ning ngasharki kachina. Ithumna Varewui ngachon khami kala Mangla Katharawui manga mang eina seiha salaga kapha manglawui ot kasahi leingasak shappa.

Thangkachida I Thichinga

Pao kazatda Paulna vareshi bingli khalattawui mashun makhui manga eina rekharek sai. Kha Proholi theikahi eina awui theikahuichi yonhaira da phaningkhuiya. Chiwui eina Ahi khikha maningthu mana akchihi thei. Rimeithuida awui ningli makapha leida lei kachihi thei (Romans 7:24).

Kha Mangla Kathara eina Jesu Christana morei ain chiwui eina ningkhan mihaowa kachi theida ana hangphatta Vareli ningshi. Romans 7:25li kapihai, "Ithumwui Proho Jesu Christawui manga eina Vareli ningshi. Hi iwui kharing rin sahaogada phasawui khangazan leisalala iwui ningnava Varewui ningkhamiwui athishurda samara," kala 1 Corinthians 15:31 lila kapihai, "Ivanaobing, I thangkachida thikida naknak chinga. Proho Jesu Christali ngarum haoda ngathumwui vang ina langsongaida hangkaphatna."

Ana hanga, "I thangkachida thichinga", hiwui kakhalatva thangkachida wuklungwui ahui rimshok chinga kachina. Hanglaksa chikha ali khalei makapha, langsot, khalattali kaso, ningkakachai, bichar kasa, malung vat kazar, kala mikpai kashi saikorahi khuishokser haowa. Ana kahang thala hi ashee kashok eina tangda hotnalaga sakashapna. Varena lumashanmi kala Mangla Katharana ngachonmida manglawui mi ngasa kashapna. Naolak eina ahi matakhak kahai ot kachungkha sada pao kapha hakashokka mi akha ngasathui haowa.

Chapter 3
Phasawui Otbing

Mi kaikhana kakharam, mikpai kashi, yuikashi, bichar kasa, kala kachipatwui morei sai. Hikatha hiya azak mathei mana, kha ningli morei kasana.

Phasa eina Phasawui Otsak

Phasa Khangazanwui Kakhalat

Phasawui Otbing: Ningli Morei Kasa

Phasawui Khamathang

Mikwui Khamathang

Mirinwui Langsot

Varena khami mangla thikahai bingva phasawui ningkachang chiwui athishurda ringhaowa. Nathumna rachang haoda tara mangaiya chihaosa. Chili manglana glass singkhui ngasakta khamorli kasanga. Atam hitharan kachi kathana nathumli reonganaoda malung khavat tharan singda khalei glass chieina tangda sakhaingaira. Hi kachi katha manglawui ot kasa khala?

Phasawui ningkchang chili leikahai atam tharan Satanna hi sangasakngai. Mikumona Satan kala chipeewui sakhangai chi sangasakka. Satanwui otli maya khaleoda makapha ning phaning haowa. Chiwui eina makaphachi otsak eina sashokka.

Glass sakhai khangaiwui ningchi Satanna khamina, laga nathumna otsak eina sada sakhai haowa chihaosa, china chipeewui (Devil) otna. Ning chili 'phasawui ot' da hanga, laga otsak chili 'phasawui ot kasa' da hanga. Makapha ot kasahi Adamna morei sakhaleoda Satanna moreiwui khangachachi phasali lingsangmida china asheeli ngarumlaga mikumo kachivali vashungser haowa.

Phasa eina Ciwui Otsak

Romans 8:13li hanga, "Kaja nathumna phasawui athishurda ringakha nathum thira. Kha Manglawui manga eina phasawui otsakchi thingasak haiakha ringra."

Hili 'nathum thira' kachihi Meifali katang mavaila kapanli kahangna. Chiwui vang eina 'phasa' kachihi phasawui kathi mangli kahang maning mana. Hi manglawui kakhalatna.

Mathangli ithumna phasawui otsak-hi thingasak-hai akha ringra da hanga. Hi kapam, kapi, kaza hikatha thawui otsak-hi masasa kachila? Maning mana! Hili 'phasa' kachihi Varena khami thangmet leikhavai akhong (container) chili kahangna. Hiwui maramli mathada theikhavai ithumna Adamhi kachi katha mikhala kachi theiphalungra.

Adamna kharinga mangla sada leilaga awui phasachi mashiman kapai ngasasai (imperishable). Chitamli ahi sarhaowa kala phasa thihaowa kachi malei mana. Ali nganaozao kahai phasa leishonna. Awui acham aramchi okathuiwui mina maleirar mana. Kha moreiwui saman samphang kahai einava awui phasachi aman mavaithu mana, or sayurwui phasali mangatheithu mana.

Chancham akha sangai. Cup akhali kachi katha ara (liquid)

zangda lei. Cupchi phasa kathana, laga ara china mangla kathana. Cupchi khangatei arala sangpai. Adamwui phasachi hikathana.

Kharinga mangla sada Adamva leikashi, kapha, khamashung, kala Varena khami kahor hikathawui ningai mang leisai. Kha manglachi thikahai einava kapha khamashungchi awui eina thuihaoda Satanna khami phasawui ningkachang chili ngaphum haowa. Makapha kachihi a sada chili ngaphum haowa. 'Manglawui pangshap eina phasawui otsak-hi thingasakka' da kahang lei. Hili 'phasawui otsak' kachihi phasawui eina khara otsak chili kahangna.

Chancham sada mina malung vat-hai akha pang katingda khamong kathahi shaolaga pangshap chithei. Kachi kathana makhaning tui matuiya. Kachi kathana shanaoli khamathang eina yanga kala chiwui acham aramla chithei.

Phasawui otsak kachihi moreiwui kakaso mang maningla Varewui miktali makhaya otsak chili kahangna. Kachi kathana mili maningkha otli pang chijada tui khamatui lei. Kachi kathava ngayat kharok thada akhon chuilak eina tui matuiya. Hi katateo otnada phaninglapai, kha hi phasali khangarumma makapha chiwui eina kharana.

'Phasa' kachihi Bibleli toilak eina zanga. John 1:14li 'phasa' kachihi khangacha phasali kahangna. Hithada kapihai, "Tui china phasa kada ithumwui ngachaili lukhamashan kala khamashung pemting eina raokthui. Varewui naoho sada awui tekhamateichi ithumna theihaira." Kha hi manglawui kakhalatli chungmeida theikhui.

Romans 8:5li hanga, "Kaja phasawui athishurda kharinga athumna athumna phasawui ot mangli ningsanga; kha Manglawui athishurda kharinga athumna Manglawui ot mangli ningsanga." Kala Romans 8:8 lila hanga, "Phasawui athishurda kazatda athumna Vareli ningyang maung ngasakrar mana."

Hiwui 'phasa' kachihi manglawui kakhalatna, phasali ngarum kahai moreiwui khangacha chili kahangna. Chipee kala Satanna mikumoli moreiwui khangachachi sangmi hai, laga china phasali ngarumchao haowa. Hi ngalangda otsak eina masashok mara, kha atam kachivali sashokpai.

Phasawui apongbinghi kahang eina ithumna 'phasawui ot' nada thekhui. Ningkakachai, yuikashi, mipai kashi, makhamashung, marei mara kathem, ngakai kashi, bichar kasa, mikhanam, kala kakharam saikora khangarum hili 'phasa' hoi, laga hangda khalei kachivahi phasawui otna.

'Phasa khangazan' kachiwui kakhalat

Jesuna Gethsemaneli seiha sada leilaga sakhangathabing piser haowa. Chili Jesuna Peterli, "Nathum kasuili matazang khavai ngasharda seiha salu. Ningli sangailala phasana masarar mana" (Matthew 26:41) da hanga. Hi sakhangatha bingwui phasachi ngazan haowa kachi maning mana. Peterva khai kapha mi sahaoda phasa phalakka. Thakha 'phasana masarar mana' kachihi khili kahang khala?

Hiwui kakhalatva Peterhi Mangla Kathara masamphangrang thukida awui phasachi moreiwui khangacha chili leisai kachina. Mi akhana morei masalui mada mangla chili kazang tharan khamashungmi ngasa kahaina. Ali mangla china thanhaora. Hithada phasa hina ngazanlaklala wuklungli ning kharikta lei akha mapila pamshapra.

Kha chitamli Peterhi mangla maleisa mada phasawui khangacha kachot eina pikhangaina yuihaowa. Hithada ana mapikhavai salala mararthu mana. Ahi phasawui apongli ngaphong haowa. Hili phasawui khangazan hoi.

Kha Jesuna ringshokta kazingram kakahaiwui thiliya Peterhi Mangla Kathara Samphang haowa. Ara ahi phasawui khangacha chili yuikashap mang maningla mi kachungkhali kazat raimi kala kathi milila ring-ung ngasakka. Ana shitkasang eina pao kapha hashokta kathi eina tangda thishap haowa.

Jesula pao kapha hakashokna ngashun ngaya mataila kala kapi

kaza atam maleila mili kazat raimi pamma. Kha aliva manlgana munghaoda chotlak kahai atamlila awui saran ot sashappa. Ashee khamanāt shairanra ngayikata chiyakhawui kachot eina tangda seiha sashappa. Jesuva khangacha eina morei maleimana. Chiwui vang eina ana awui phasachi mangla eina mungkashapna.

Vareshi kaikhana 'Iwui phasa ngasazan haida kachina' da morei sakapam lei. Hi athumna manglawui kakhalat makatheiwui vang thada kahang mana. Jesuna krush tungli ashee shok-khamichi ithumwui morei peokhami mang maningla phasawui khangazanchi yuishap khavai vangna kachihi ithumna theiphalungra. Ithumna shitsang akha phasa kala mangla khanini phada mikumona masakharar ota sashapra. Langmeida ithumna Mangla Katharawui ngachonkhami samphangda seiha masarar mana maning akha phasana ngazan haida morei sakahaina kachi masapai mana.

Phasawui Otbing: Ningli Morei Kasa

Mikumona moreiwui khangachachi leihai akha china phasali ngarumda ning eina otsakwui moreichi sashokka. Athumna khayon kasawui khangachachi leikahai tharan mibingli chipat nganaora. Athumna otsak eina morei masalala ningli morei sai. Hili 'phasawui ot' hoi.

Nathumna khongnai mi akhawui sina akaikha thei chihaosa.

Chi likhui haosika da kaphaning eina tangda ningli morei sakahaina. Mi kachungkhana hikathahi morei maningmana da khui. Kha Vareva wuklung khayangana, laga Satan eina tangdala hikatha ninghi theishappa. Chiwui vang ithumli morei chili tazang ngasakka. Hi phasawui otna.

Matthew 5:28li Jesuna hanga, "Kha ina nathumli kahangna, shanaoli phasawui khamathasng mikyang eina khayang mi kachiva shanao chili awui wuklungli rida phopha haira." 1 John 3:15 lila hanga, "Achinali yangkakharinga a chiya mi shaokathattana kala shaokathatta mili kharing kahochi malei manada nathumna thei." Hithada nathumna ningli morei kasa kachihi ningli moreiwui pakra shunkahaina kachina.

Nathumna mi akhali yangkharingda shaongailaklala manarim eina sashappa. Apong akhali nathumna malung vathai akha milila ngayat ngarok zatda. Kha nathumna ningli khalei moreiwui khangachachi khuishok-hai akha khipalikha yangka kharing malei mara.

Romans 8:13li "Kaja nathumna phasawui athishurda ringakha nathum thira. Kha Manglawui manga eina phasawui otsakchi thingasak haikha ringra," da kapi kahai thada nathumna phasawui ningkachang chili mayuirang eina tangda phasawui ot sachingra. Laga Kathara tuina hanga, "Kha Manglawui manga eina phasawui otsakchi thingasak haikha ringra." Hithada phasawui ningkachanghi mathang mathang yuikhuipai. Ara ithumna kathada kathak eina phasawui ot chili yuikhuipaira khala?

Romans 13:13-14li hanghai, "kahor lungli okathui thada ithum khalatta mashungrik eina zatsa, kakharar, khamarip, ayet makasa, khamathang, ngama khangasai, kala mikpai kashi ot masasa. Kha Jesu Christali rai sari thada saksada phasawui khamathang kala chiwui ningkachangchi masalu," kala 1 John 2:15-16 lila hanga, "Okathui kala chiwui alungli khalei otbing chili maleishilu. Nathumna okathuili leishi akha avavali maleishi mana. Okathui otli ningchangmeida morei kasa, mikwui kakahao, okathuiwui eina langso khangai saikorahi avavawui eina khara maning mana, kha okathuiwui eina khara serra."

Verse hiwui eina ithumna theikhui kacha okathuiwui otbing hiya mikwui khamathang eina langkasowui apong serra. Khamathang kachihi phasawui shiman kapia apongna. Hina panglak eina ot sada okathuiwui otli leishi ngasakka.

Ara Eveli kasui chili yangluisa. Haokaphok 3:6li hithada kapihai, "Chieina shanao china yanglakha atheichi shaiphalakki kachi thai, kala mik ngayamlak haoda ana khuishai haowa kala agaharalila kateokha mishai haowa."

Phara china Eveli nala Vare thahaora da hanga. Chili

ngalangda ana shitsangda moreiwui khangachachi phasali rangarum haowa. Ara phasawui ningkachangchi leihaowa kala chi athei thada matheida thingtheichi shaingailak haowa. Mikwui kakahaochi ningli leida athei chili yangailak haowa. Laga mirinwui langsotchi razangda thangmei khavaina chikha da atheichi shaingailak haowa. Evena hikathahi leikhaleoda atheichi shaihaowa. Ridava ana Varewui tui chili ngakaishira kachi maleilaksa mana. Kha phasawui kakahaochi leikahai eina atheichi shaiphalakki kachi thahaowa. Ana Vare thakhangai vang eina naolak eina atheichi shaihaowa.

Phasa eina mikwui kakahao kala mirinwui langsot hina morei kasahi ringphalakki kachi thai. Hi reisang mamanda phasawui ot sakachang haowa. Chiwui vang eina phasawui ot-hi masa khavai ithumna kakahaowui maram kathum katat phalungra. Chiwui eina phasawui apongchi shiman haora.

Evena atheichi shaihailaga khi shokra khala kachi theisasi kacha shaikhangai ningla maphaningsa mara. Ningkachaida sakaza eina tangda masazasa mara. Hithada ithumna okathuiwui otli leishikha Meifa vara kachi theisi kacha okathuiwui otli maleishithuk mara. Ithumna okathui morei otwui aman makhaleihi theikha phasawui ningkachang chili pailak eina khamshapra. Hiwui maramli yangsa.

Phasawui Kakahao

Phasawui kakahaohi khangacha eina moreili shurzatda. Ithumna ningkakachai, malung khavat, kakharam, ningwui ningkachang, yuikashi kala langkaso hikatha khalei atam tharan ning chingri machirar mana. Chiwui eina ot sakhangaiwui ningkachangchi leihaowa. Hitam changli morei kasahi ringphaki kachi thada theihaowa. Hiwui eina phasawui otchi theimamanda phasawui ot sathui haowa.

Chancham sada vareshi sathathar mi akhana zam mamanglui mara chihailala awui ningliva zamwui ningkachangchi leichingfaya. Hithada ana zamwui barli khava tharan mangkhangachi leihaowa. Hithada naoda ana zam mangluishit kahai shokka.

Chancham kateila hangai. Ithumna mili kachipat kala bichar kasawui acham aramhi leikha makhaning matui khangarok-hi shangailakka. Mili chipat khanganao kala makhaning matui kazat-hi ringphada theira. Ithumna khikha makachawui vang eina malung khavat tharanlila ringkapha thahaora. Ithumna malung vatkahai tharan phasawui ot masashoksa kachi hila chotlak haora. Ithumna langkasowui khangachachi leikha langso chingra. Laga hi khalei eina mibingna ithumli otram ngatha ngaskangai haora. Ithumna shangkhangai ning leikha kayakha saklala kala mili saza khavai apong leilala lan kazip khavai hotnai.

Mangla Kasem

Hithada ithumna morei samaman phasawui kakahao hila matai mamanra.

Kha mi akhana vareshi sathathar ngasa haida shitkasang teolak haowa chilala ana thuklak eina seiha sakha Mangla Katharana ngachonmida phasawui ot chili pailak eina yuishapra. Awui ningli phasawui ningkachangchi razanglala ngalangda khamshap haora. Kha ana seiha kasa ngasamda Mangla Kathara masamphangthu akha Satanna razangda phasawui kakahaochi leiphok haora.

Hithada phasawui kakahaohi khamkhavai khina khamataiya sakhala? Chiya Mangla Katharana pemngasakra, hithada phasawui kakahao ningkachangli manglawui kakaho ningkchangna chuimeira. 1 Peter 5:8li "Mik rinda ngasharlu, nathumwui yangkashiya chipeechi kazingkha thada ngirlaga kachi kathali shaikhavai zat-ung zatvada lei" da hangkahai thada ithum ning ngasharki kachina.

Ning khangashar kachihi ithumna machatlakla seiha saki kachina. Ithumna Varewui otli ngalang zarlak eina salala seiha kasa ngasamhai akha Mangla Katharawui chipem khamichi shiman haora. Chiwui eina phasawui ot haophok haora. Hithada ning mangli morei masala otsak einala saphok haora. Hina maram sada Varewui Nao Jesu eina tangda ana okathuili leilaga machatlakla seiha sazatda. Ana Vareli chan khangazek mangasamlak mana chiwui vang Varewui kaphaning ungshung shappa.

Nathumna morei tharhai akha phasawui kakahaochi malei mara, kala moreila masamara. Chiwui vang eina morei tharkahai binga phasawui kakahao malei khavai vang maningla Varewui kaphaning ungshung khavai Mangla katharan ngachonmi khavai seiha sai.

Ithumwui kachonli khamakhao kahai akha khi sakhala? Khamakhaochi teikakhui mang maningla sabon eina ngasa kazak hai. Ithumwui kachonli mathan katha kada leisa akha ngalangda khuita hai. Kha hikatha khamakhao hiliya moreiwui khamakhaona langmei kharra. Matthew 15:18li "Kha khamorwui eina kashok-hi wuklungwui eina kashokna, china mli makhao ngasakka," da kapi kahai thala moreiwui khamakhao hiya wuklung ningpam sashimanda ithumli chotngasakka.

Gaharana ngala kateili leikashi apreivana theihaikha khi sakhala? Awui vang kayakha kachotra chi! Himang maningla shimkhurla kakai shokra. Chiwui vang eina phasawui khangachahi ithumna kathak eina khamhaoki kachina, kaja hina morei sangasakka.

Mikwui Kakahao

'Mikwui kakahao' hina kasha kala kathei manga eina phasawui ningkachang shokngsakka. Mibingna kasha kala kathei china wuklung ngatha ngasakka. Hina 'mikwui kakahao' shokka.

Nathumna khikha kathei eina ningli ningchang akha mikli katheichi sangaiya. Mik eina matheilala horzak kahai maram akhachi thada khanana kasha eina phaningung luida ning ngalat ngasakka. Hithada mikwui kakahaohi leiching hai akha phasawui ningkachang sashok khavai sahaowa, laga khanaowali morei vasathui haowa.

Davidna Uriahwui pareiva Bathsheba ravaida khaleichi kathei eina khi shok-hao khala? Ana chi kathei eina ningchang haowa, hithada phasawui ningkachangchi rarsangda naoda shanao chili khuida morei sahaowa. Hi kasa eina Davidli chang khayang kachungkha rai.

Ithumna mikwui kakahaohi makatat-hai akha moreiwui khangachachi leinga. Chancham sada ithumna makhangayi ama khayang tharan ningli moreiwui khangachachi pangsang ngasakka. Ithumwui mik eina kathei tharan mikwui kakahaohi rai laga Satanna makapha otchi sashok ngasakka.

Vareli shitkasang bingna mikwui kakahaoli mamaya mana. Chiwui vang eina nathumna makapha chili mayangki kachina kala chiwui ngalemli eina tangda mavaki kachina. Nathumna ngashun ngaya mapila seiha sathailala mikwui kakahaochi makat akha phasawui ningkachangli leichingra. Hithada chi katat khavai hotnalala sakshun haora.

Chancham sada rai kasali shipai bingna khimamei ot ayarwui eina supply kasa samphang akha ngararshap shonna. Hithada phakho wui alungli khalei yangkashi shipai bingli sakhaishi lakka. Athumli sakhaisa chikha athumli supply sada khalei zat kala khutlai bingchi katatmi khavai saphalungra. Chiwui thiliya ithumna rai ngarar maman kachi eina naoda athumli maikashi mishapra.

Chanchamhi eina theikhuisa chikha phakho alungli khalei yangkashi shipai bingchi phasawui khangacha china kala ayarwui eina supply kasa china mikwui kakahaona. Hithada ithumna mikwui kakahaochi makatat-hai akha kakhum eina seiha sapamlala wuklungwui moreichi matharar mara. Chiwui vang eina rimeithuida mikwui kakahaochi katat-hailaga moreiwui khangachachi khuithuihai khavai seiha saki kachina. Hithada ithumna Varewui lukhamashan kala Mangla Katharawui ngachon khami manga eina nganingkhui shapra.

Ina pailak kahai chancham eina hangluiga. Ithumna hamli kazang khamakhao tara chili khamatha tara heisangching akha naoda tarachi tharhaora. Kha kathar tara eina khamakhao tarachi ngarumda heiching akha khi ngasara khala? Chithakha tarachi kathar mangavalak mara. Hi ngaraicha eina ithumna phasawui khangacha katatta manglawui wuklung sakhuisa chikha makapha ot masalakki kachina.

Mirinwui Langkaso

Mikumohi langsongai serra. Mirinwui langkaso kachihi aremmana. Chancham sada shimkhur, naongara, pareigahar, aman kasakwui ot thongthang saikora hina maram sada kaikhana langso pamma. Athumna athumwui ngasotnao bingna maram sada langkasola lei. Hithada nathumna mirinli langsohai akha okathuili lan, thangmet, aming kazat hikatha thali ngahomthui haora.

Kha hikathawui eina langsoda khi kanna khala? Hashokmi 1:2-3li zimikwui azingli khalei ot saikora aremmana da hanghai. Laa 103:15li "Miwui mirinna khawo kathana, luiwui awon khawon kathana" da hangkahai thala okathuiwui langkaso hina khamashunga aman kala mirin mamirar mana. Kha hikatha langsot hina Vareli mamaya mada kathili vatang ngasakka. Ithumna phasawui makankhana binghi katat-hai akha malangsorar mada khamashung chili shurthu haora.

1 Corinthians 1:31li langkaso bingna Proho mingli langsoki kachina da hanghai. Hiwui kakhalatva ithumna khalattali chuilak eina khangkalaga Vareli sochikat khavai saki kachi

maning mana. Ithumna krush, huikhamiya Proho Jesu, kala kazing wungram hiwui vang langsothaki kachina. Langmeida ithumna Varewui lukhamashan, sokhami, kala tekhamatei hiwui vang langsoki kachina. Ithumna Proho mingli langkaso chitharan Vareli ningyang ungasakka. Chiwui eina Varena ithumli somiya.

Mikumo akhana saran ot kasa hiya Vareli khangachee hina. Chiwui eina mi kachivawui amanhi ana kayakha manglali ngavap khala kachiwui athishurda leira (Hashokme 12:13).

Ithumna sakhashi morei eina makaphali khamshapta shiman kahai Varewui zakyui phakhuiluishit akha ithumla Adamwui level mirinli ringshapra. Hiwui kakhalatva ithumla manglawui mi ngasara kachina. Chiwui vang eina ithumna phasawui chaka mamilakki kachina, kha Christali kachon khangavai thada ngavaichingki kachina.

Chapter 4

Kharinga Mangla Level Makanda

Ithumna phasawui ningaihi sakhaihai akha phasawui apongli manglana ot kasachi ngasam haora. Ning hina akhava manglali 'Amen' chida shurshapra. Akhava china akhava akha sada ot sakha kala rao china rao sada ot sakha ithum manglali mahai.

Mikumowui Limit kasa Wuklung

Manglawui Mi Ngasakhavai

Kharinga Mangla eina Ngatangkhui kahai Mangla

Manglawui Shitkasanghi Khamashunga Leikashina

Khathar Shong

Phara thathar angangnaohi mikumona chilala mikumona saran masarar mana. Athumma thangmet khiha maleimana. Athumwui ava ava eina tangdala matheimana. Kathada ringra khala kachila matheimana. Hithada Adamla manglali okathuisai chilala haokaphok liya ala mikumo akhana saran otchi masararsa mana. Ali manglawui thangmetchi chipemmi kahai eina kakhalat khaleiya mi ngasanaowa. Ana manglawui thangmetchi mathang mathang tamkhui maman kachi eina ot saikorawui yangkasanga akhava sathuihaowa. Chitamli 'wuklung' kachiwui tui hila maleisamana, kaja Adamwui wuklungchi mangla laka.

Kha morei sakahai eina awui manglachi thihaowa. Chieina manglawui thangmetchi thuimaman haoda Satana supply kasa phasawui manglana munghaowa. Awui wuklungchi mangla maholuipai thuwa. Chiwui eina 'wuklung' kachiwui tuihi rakahaina.

Haokaphokli Adamwui wuklungchi mangla sada kasemna. Awui wuklungchi Varewui thangmetna pemtinghai. Kha awui mangla thikahai einava ali makhamashung thangmetna pemting haowa. Chiwui eina awui wuklungchi limit salak kahai ngasahaowa. Hithada thangmetchi apong ngatateida shichin phokka.

Hithada sada khalattawui mashun makhui kala theikakhui china limitchi makanrarthu mana. Kha Jesu Christali khuikasang einava Mangla Kathara samphangda limitchi kanshap haowa. Langmeida ithumwui wuklungchi mashungkhui mamanda manglawui katang makhavai maram chila theiphok haowa.

Mikumowui Limit kasa Wuklung

Manglawui makazang mina Varewui tui khangana tharan athumwui kuingatokli rilak eina ot sada naoda chukmajaya. Hina maram sada athumna heng sada wuklungli makhuisang mana. Khangacha eina athumna manglawui ot matheirar mana maningkha kaphawui apongli mangacheirar mana. Athumna manglawui apongli bichar tarakha sada phap takhavai sai. Athumna Biblewui awo ayibingwui maramli phap makata tarakhalalei.

Varena Abrahamli anao Isaacli phahaolu da kakasao tharan kachi kathana hangda Abrahamna chi sakida saklakra da hanga. Athumna hibinghi hanga: Varena ali zimiksho kathum zangda Moriah kaphungli thankai. Ana zatmamanda hangkahai chiwui athishurda sasika masasi khala da phaning kachunga. Kha naolak eina salakra chihaowa.

Abaraham hiwui problem leikachang khatla? Ana ngathorthak apreiva Sarali eina tangda mahangla thuikahaina. Ana kathili ringkhangasakka Varewui pangshap chili shitsang chaowa. Hina maram sada anao Isaacli khikha ningkhamaong maleila mishok kashapna. Varena awui wuklung thei. Hina maram sada ana shitkasangwui Avā kala Varewui ngasotnao ngasa kashapna.

Mi akhana shitkasangwui level kala Varena ningkachang kahang khanganawui maramli matheikha awui kaphaning mangnava pangapa haora. Ithumna Vareli ningyang tongtingda leikashi kala morei otli mazangla manglawui wuklung samphang khavai hotkhana bingli pailak eina theishappa.

Manglawui Mi Ngasa khavai

Vareva mangla ngasahaida Awui nao ngara bingli manglawui nao ngasa ngasakngai. Ara ithumna manglawui mi ngasakhavai khi sarakhala? Satanna control masa khavai ithumna makapha ninghi maleingasak phalung mara. Varewui tui manga eina ithumwui wuklung ngatha khangsakka Mangla Katharawui khon nganaki kachina. Ithumwui manglana akhon chili shakhavai saphalungra. Ithumna Varewui tui chili kasha tharan

'Amen' chida ithumna khuisang phalungra.

Hithada kasa eina Mangla Kathara samphangda ithumwui manglana phasali kahang mangana mara, laga chiwui eina thangkachida Vareli chan ngazekta manglawui apongli zangshapra. Hithada phasana manglali kahang khangana tharan ithumli mahaiya. Mangla mahai akha ot katongalila mahaida phasala kapha samphangra.

Ithumna manglawui ot kasa maramli phap tashingkhui akha Satanwui kakaso chili mashur mara. Hiwui apong eina Adamna shiman ngasak kahai Varewui zakyuichi ithumna phakhuishapra. Hithada ara ning, mangla kala phasawui orderchi semkaluishitra, laga ithum Varewui nao ngasa shapra. Hithada Adamna ringkasa manglawui level chili ithumla ringshap haora. Hithada ithumna ot katonga yangsang khavaiwui pangshap samkaphang mang maningla Eden Yamkuili chuikhamei levelli khalei kazingramwui katang makhavai ringkaphachi samphangra. 2 Corinthians 5:17li "Chiwui vang eina kachi kathana Christali zangakha a midhar onhaira; kachama ot thuihaida, yanglu, kithara rakahaina," da hangkahai thala ithum Prohowui mingli midhar onkahaina.

Kharinga Mangla eina Ngatangkhui kahai Mangla

Ithumna chi salo masalu kachi Varewui kakaso chili kahang khangana kachihi phasawui otkasali makazangna, kha kaphali kazangna. Hithada kasa eina ithumna manglawui mi ngasai. Ithumna makapha kasa phasawui mi ngasada leilaga eina tangda problem kala kazat kachungkha leira. Kha ithumna manglawui mi sakhaleoda otkasakachivali khamahai samphangda phasala kapha samphangra.

Laga Varena masalo kachi ithumna makasa eina phasawui aponghi sakhaishapra. Laga ithumna kapha apong mangli ningkasang eina Mangla Katharawui akhon mathalak eina sashapra. Ithumna salu masalu kachi Varewui tuichi mayonchao akha manglawui mi akha sada khuimira. Langmeida ithumna Varewui kakasochi ungshungshap akha manglawui mi ngasa shapra.

Hikatha manglawui mi eina kharinga mangla sada leikasa Adam athumwui khangatei lei. Adamva phasawui kachot kachanghi kateokhala matheithu kida manglawui mina kachihi mahangpai chaomana. Hiwui kakhalatva ali ningkashi kala leikashi kachihi matheimana. Varena ali kayakha leishilala leikashichi mayakha kashung khala kachi mathei mana. Ana ringphalak eina okthuisai, kha ana ringphai kachi matheirar mana. Ahi Varewui wuklungli khangarumma kachangkhatwui naochi masararsa mana. Ana phasawui kachotkachang theikahai chiwui thili kachangkhatwui mangla kazanga mikumochi khangasana.

Adamna kharinga mangla sada leilaga phasawui maramli khikha matheisa mana. Hina maram sada phasali tatung kapaichi leihaowa. Hanglaksa chikha Adamwui manglachi thikapai mangla maningla mapung kapha manglana da mahangpai mana. Chiwui vang eina ali mangla kapaiya akhana da khui. Ara ana kathada kasuili tazanghao khala kachi ina hithada hangai.

Shimkhur akhali kahang khangana nao khani leisai chisa. Nao akhapa liya tarana sakhashi ngator kahaina. Thangkhava ashavana tara ngatarda khalei kettlechi masaza alu da hanga. Ani khanina kahanga nganada masazathu mana.

Kha nao akhapa chiva tara khangatar kettlewui maramchi theihaoda mathalak eina kahangchi makai mana. Ana ashavana lumda hangda khaleina kachila phap tai. Kha nao akhapa chinava ngatarda khalei kettlechi yangailak kahaila thahaowa. Ava avawui ningchi matheivarar mana. Hithada ava kettle kasa chili sakazawui chance leishonna.

Hi kharinga mangla Adam chieina ngaraichai. Ana morei eina makaphahi ngachee ngachamlakka kachi theikha masazalak rangsai. Hithada morei eina makapha kachihi khilak khala kachihi ana matheisa mana. Hi makathei vang eina ali Satanna pailak eina suikhuida mashailo kachi atheichi shaingasak haowa.

Adam katha maningla makapha maram theiser kahaiwui

thili khikha kasakka maram leilala mangachei luiki kachi kala matatungluiki kachi athumbingli Varewui kachangkhatta nao sangasakngai. Athumma phasa einamanglawui khangateihi theishappa. Athumma morei, makapha, kala okathuiwui kachot kachang saikora theiser kahaina. Laga athumma mangla eina phasa khaniwui mamaya khangarok-hi thei. Athumma kapha kahohi kayakha phakhala kachila thei. Chiwui vang eina athumma makapha chili kalikha eina tangda mazanglui mara. Hi kharinga mangla eina ngatangkhui kahai mangla khaniwui khangatei china.

Kharinga mangla chiva thada kahang khangana mana kha ngatangkhui kahai mangla chiva kashi kapha theida kahang khanganana. Langmeida manglawui mi ngasa kahai binga morei masalui mada kazingramwui third kingdomli khalei New Jerusalemli zangkhavai sokhami samphanga.

Manglawui Shitkasanghi Khamashunga leikashina

Shitkasangwui shongzali ithumna manglawui mi ngasashaphai akha ngateihang eina ithumna ringphashapra. Ithumwui wuklungli kachangkhatwui chingri kahaichi leira. Atam kachida ithumna ringphashapra, seiha sashapra, kala apong kachivali ningshi theira 1 Thessalonians 5:16-18li hangkahai thala. Ithumna Varewui sangasak khangaichi theida Vareli ningshi shapra.

Vareva leikashina kachihi ithumna shahaira, kha ithumna manglawui mi mangasarang lakha eina tangda awui leikashi chi phap matararmana. Mikumoli ngatangmi khavai Varewui khangaranchi katheiwui thili Awui leikashichi kayakha hakmaha khala kachi theinaowa.

Ithumna wuklungwui makaphachi makhamrang eina tangda ithumwui leikashihi mamashung mana. Ithumna Vareli leishida ningshilala pailak eina ngachei haowa. Ringkapha atamli Vareli ningshira, kha atam kha leilaga malai haora. Ithumna khikha kasakka atam samkaphangli ningshithaga machila malungla vatpamra. Hithada ithumli lumashan khami hiwui vang ningkashi malaishap haowa.

Kha mangla kazanga miwui ningkashi hiya wuklungwui eina khara ngasa haoda khikha leilala khangachei mangava mana. Athumma ngatang khamiwui khangaranchi theihaoda wuklung eina ningshi shappa. Laga athumna kachangkhat eina krush phungkhamiya Proho Jesu kala khamashung eina thankhamiya Mangla Katharali ningkashi eina leishi shappa. Athumwui leikashi eina ningkashi mangacheilak mana.

Khathar Shong

Mikumo hiya moreili makhao kahaina, kha Jesu Christali khuisangda huikhami samphang kahaiwui thili Mangla

Katharawui manga eina ngachei mamanna. Chiwui eina athumna kharinga manglawui level chuikhameili zangshappa. Athumwui eina makaphachi shiman maman manglawui mi ngasada tharhaora.

Chungkhamei atamli mibingna makapha kathei tharan athumna kathei chiwui athishurda ningli tipsang hai. Hithada makaphachi kasala sashok ngaiya. Kha tharmi kahai bingliya makapha maleithuda athumwui eina makhangayi ot mashok mana. Rimeithuida athumna makapha chili mayangsang mana, chiwui vang eina makaphawui otsak sakhavai maram malei mana.

Ithumwui wuklungli makapha maleithura chikha ithumla tharmi kahaina da hangapai. Manglawui ning leida kapha kasa binga Varewui naongara ngasada manglawui chuikhamei levelli zanhaora.

1 John 5:18li "Varewui nao khipanakha morei salui salui machi mana kachi ithumna thei, kaja Varewui nao mayarana ali yangmi haida makapha china ali khikha masathuk mana,"da kapi kahai thada manglawui pangshapli morei malei mana. Morei makhalei kachihi katharna. Hina maram sada Adamli mikasa pangshapchi ithumnala samphangda chipee kala Satanli maikashi mishapra, laga morei kasalila mazangla ringshapra.

Ithumna manglawui mi ngasa khaleoda chipeena masazarar mana, laga manglawui mi ngasa khaleoda ithumli kapha eina leikashichi leida matakhak kahai ot sashap khavai pangshapla miya.

Ithumna tharchao haira kachi eina manglawui mi ngashapra (1 Thessalonians 5:23). Ithumli ngatang khamiya Vareli phaningda atam kasangkha Varewui nao ngasa khavai hotnada leikha thangkha mathangkha manglana kachipuiwui mirinchi samphangra.

 Ning, Mangla, kala Phasa: Volume 1

Part 3

Mangla Khamathuk Samkaphang

Ihi Phasawui Mika maningkha Manglawui Mikhala?
Mangla eina Manglana Kachipui Khaniwui Khangateichi Khikhala?

"Jesuna ngahankai, 'Kachangkhat eina ina nali kahangna, kachi kathana tara eina kaphara maningla Vare wungramli mazangrar mara. Phasana kapharachi phasana kala Manglana khapharachi Manglana.'"
(John 3:5-6)

Chapter 1
Mangla eina Manglana Kachipui

Athumwui manglachi thihaoda mikumona huikhami darkar sahaowa. Vareshi ithumwui mirin hiya mathuk kahaiwui thili mangla rarkasangwui alungli kazat mirinna.

Manglahi Khikhala?

Mangla Phakakhui

Mangla Rarkakawui Process

Kapha Mibingli Hatkakhui

Phasawui Pheichon Khayun

Mangla Kachipuiwui Sakhi

Mangla Kachipui bingli Sokhami

Adamna morei kasa eina mangla thikahaina. Chiwui eina athumwui ningna akhava ngasa haowa. Athumna makapha sada khamathang apongli zatchinga. Chiwui eina athumna huikhami masamphangrar mana. Satanwui ningkachang alungli athumli manglana munghaoda morei salaga Meifa vaphalungra. Chiwui vang eina mikumo saikorali huikhami darkar sahaowa. Ngatang kakhui alungli huimi kahaibingli Varewui naongara sangasakngai. Hithada Ana mangla kachipui mibingli phada khaleina.

1 Corinthians 6:17li "Kha Proholi kazang michi mangla eina Proholi ngarum haira," da kahang thala Varewui naobing hiya Jesu Christali mangla eina ngarum kahai bingna.

Ithumna Jesuli khuikasang eina Mangla Katharana ngachonmida khamashungli ringhaowa. Ithumna khamashungli ringkha Proho thada manglana kapemma mi akha ngasara. Hi ithumna mangla eina Proholi khangarum chili lei. Kha ithumna manglali ngarumhailala Varewui mangla eina mikumowui mangla mangarai mana, ngatei chaowa. Vareva phasa makhavai manglana, kha mikumowui manglavaphasali khangarumna. Vareva kazingramli khalei mangla chiwui zakyuili lei, mikumowui manglava chifa eina sakakhui ngasa haida chiwui zakyuili lei. Hithada kasa khava eina Ana kasem ithumhi ngateichao ngateiya.

Manglahi Khikhala?

Mi kachungkhana 'spirit' eina 'soul' khanihi ngaraichai da hanga. The Merriam-Webster's Dictionaryli 'spirit' kachihi phasa khavaiyali mirin khami china da hanga. Kha Varewui shong eina khayang hangsa chikha kathi makhavai kala katang makhavai khikha akhana. Chi mirina kala khamashung china.

Okathui otli chancham sada hangsa chikha 'spirit' hiwui asak avat hiya sinali hangar. Sinawui kahing hiya atam kasangkha thuihailala khangachei mangava mana kala suita kahai malei mana. Hina maram sada Varena ithumwui shitkasanghi sina thangasakngai, kala kazingramli sina eina kala aman kasakka ngalung shim kasana.

Khareiya mi Adamwui natangli khaksui marisang khami eina achi Varewui zakyui akaikha sasai. Ali mapung makapha mangla akha sada semkhuiya. Hiwui maramma ahi chifali han-ungluishit khavai khangaran kasana. Ahi mangla mang eina maleisamana.

Ahi mangla kavaiya kharinga mangla ngasasai.

Khiwui vang eina Varena Adamli kharinga mangla sada semhao khala? Chiya Varena phasa khavaiya akha salala ngatang kakhuiwui ot manga eina Adamli manglawui maramhi theingasak ngaiya. Hi Adam mangli theingasak khangai maningla awui nao ngara katongalila theingasak khangaina. Chiwui vang eina okathui masemrang lakha Varena huikhamiya Jesu kala khangachonna Mangla Katharali ngaranhai kasana.

Mangla Phakakhui

Adamna kharinga mangla sada Eden Yamkuili atam kasangkha okthui, kha morei sakahai manga eina Vareli chan mangazekpaithu mana. Chitamli Satanna awui manglali makaphawui thangmetchi sangmi haowa. Hiwui eina Varena khami manglawui thangmetchi shimaman mamanda Satanna ningkachang phasawui thangmet china mahut shinhaowa.

Atam thuimamanda phasawui apongchi mikumoli pemhaowa. Makapha china mirinwui atha chili kuinam haoda mamaling thuwa. Mamaling kharar hili ithumna kathi hoi. Hiwui kakhalatva mirinwui atha chili khalei Varewui kahorchi malei thuwa kachina. Ara thikahai manglachi ring-ung ngasak khavai ithumna khi sara khala?

Rimeithuida ithumna tara eina manglali rahikra.

Ithumna Varewui tui chili ngana mamanda Jesu Christali huikhamiya sada khuisang akha ithumwui wuklungli Varena Mangla Kathara mi. Jesuna John 3:5li hanga, "Kachangkhat eina ina nali kahangna, 'Kachi kathana tara eina kala Mangla eina kaphara maningla Vare wungramli mazangrar mara." Hiwui eina ithumna tara eina manglali kaphara manga eina huimipai kachihi ithumna thei.

Mangla Katharana ithumwui wuklungli rada manglawui athachi maling-unglui ngasakka. Hi ithumwui mangla mathuk khangasakna. Ana makapha masakhavai ithumli ngachonmida kapha apong chitheimi. Ithumna Mangla Kathara masamphang akha thikahai manglachi maring-ungluimara, maningkha Varewui tui chili phap matarar mara. Ithumna manglawui shitkasang masamphangrarki kachi apong malei mana. Ithumna Mangla Katharawui ngachon khami manga eina manglawui phap kata kala shitkasanghi leishappa. Hieina ngarumda ithumna seiha sada Varewui tui athishurda okthuishapra. Seiha sada Awui khangachon masamphang akha Varewui tui athishurda maringrar mana.

Kakhaneli ithumna mangla eina laklui lakluida pharaluishitki kachina.

Mangla Kathara samphangda ithumwui mangla ring-ung ngasak-hai akha kaphawui thangmet mang leihaora. Hi mangla eina kaphara hoi. Ashee kata eina tangda ithumna morei masa khavai seiha sada nganur akha makaphachi thuihaora. Langmeida Mangla Katharana khami khamashungwui apong leikashi, kapha, kala malung khanim hikathahi leida leilaga eina tangda ithumwui wuklung mashungra. Apong katei eina hangsa chikha Mangla Katharawui manga eina kapha kasa kachihi Adamna nguithui kahai shongfa chili makazatna.

Kha Mangla Kathara samphang hailaga wuklung makhangachei mi kaikha lei. Athumna Mangla Katharali mashurla phasawui ningkachangli ringda morei ot sapamma. Rimeithuida athumna morei masakhavai sai, kha shitkasangli lumrisi eina pamda morei chili mangasungrar thumana. Chiwui eina athumna morei sahaowa. Tharkida leikasa athumwui wuklungchi moreiwui achuk kaluishit haowa. Ithumna Mangla Kathara samphanglala wuklunghi makaphali rurhai akha mirinwui athachi pangshap maleilui mana.

1 Thessalonians 5:19li hanga, "Mangla Katharawui mei mamit ngasak hailu." Ithum Mangla Kathara samphangda ringda lei kachiwui ming leisalapai, kha wuklung mangacheithu akha kathina (Phongkhami 3:1). Hithada Mangla Kathara samphang hailala ithumna makapha kala morei sahaikha mei khamit thada mit-haora.

Chiwui vang eina kapha wuklung masarang eina tangda ning ngachei khavai saki kachina. 1 John 2:25li hanga, "Christana ithumli mira da ngashitmi kahaichi makashiman mirin china." Ma Varena ithumli tuingashit sahaira. Kha ithumna chili mangasunra khala kachi hina.

Ithumna Proholi ngarumda Varewui tui athishurda ringkhavai saki kachina. Ithumna Proho kala Vareli shitsanga chilala khangarum kachihi maleikha huikhami masaphang mara.
Mirin Rarkasangwui Process

John 3:6li hanga, "Phasana kapharachi phasana kala Manglana kapharachi manglana." Hangkahai thada ithumna phasali ringhai akha maphara luishitrar mara.

Hithada ithumna Mangla Kathara samphang khaleoda thihaikasa manglachi ring-ungda rarsanga. Anngangnao akhana rarkasang maleithu akha khina chira khala? Naochi khangacha mirinli maringmara. Hi manglawui mirin eina ngaraichai. Mirin samphang kahai Varewui naongara binghi shitkasang mataisangda athumwui mangla rarsang ngasakki kachina.

Ithumwui shitkasanghi ngateingarokka kachihi Biblena hanghai (Romans 12:3). 1 John 2:12-14 shitksang level ngatei khangrokwui maramli hanghai – kateowa naoshinao, naoshinao, mayarngala, kala ava avawui shitkasang chida.

Inao ngara, Christawumanga eina nathumwui morei pheomi haira kachiwui pongli ina kakapina. Ishava ngara, haokaphok eina thuilaga leikasa Ali nathumna thei. Yaronnaobing nathumna makapha chili yuihaira kachiwui vang ina hi kakapina. Inao ngara, nathumlila kakpina kaja nathumna avavali thei. Avava ngara, nathumlila kakapina kaja haokaphokwui eina leikasa Ali nathumna theilu. Yaronnaobing, nathumli kakapina kaja nathum panglakka kala Varewui tuina nathumli ngasomida nathumna makapha chili yuihaira.

Varena ning ngacheida kapha wuklung phonkhavai atungshongwui eina shitksang miya. Hi wuklung eina shitsang kashap kala mangla eina phara kashapwui shitksang china. Mangla Katharana pharaluishit ngasakta shitkasangmei khavai ngachonna. Ana wuklungli razangda morei, khamashung khangarong, kala bicarwui maramli tamchithei (John 16:7-8). Ana Jesu Christali shitsang khavai ngachonmi.

Laga Varewui tui chili kazang manglawui kakhalatchi theilaga khuisangshap khavai Ana ngachonmi. Hithada sada ithumna Varewui zakyuichi ngatangkhuida manglawui mi ngasa shappa.

Ithumwui mangla rarsang khavai rimeithuida phasawui ningaihi sakhaiki kachina. Phasawui ningaihi makapha manglawui ot kasa eina kharana. Chancham sada nathumwui wuklungli makapha leihai akha kala kachi kathana nali khangazekwui maramli shahaikha rimeithuida nali makaphawui mangla ot sahaora. Shokta khaleichi theida nathumna mamaya khangai ningai chitheiphok haora.

Hikatha atamli nathumwui manglali mungda khaleichi Satanna. Makapha ningai mida khaleichi Satan lakka. Hikatha makapha manglawui ot kasa eina phasawui apong malung vatkazar, ningkakachai, kala langkaso hikathali razang haowa. Hithada chikatha mibinga mibingli phap takhavai kasa machila athumli ngasung haowa.

Hikatha phasawui otbinghi phasawui ningai eina kharana. Khalattawui mashun makhui kala theikakhui hikathahi manglawui ot kasa eina kharana. Athumhi phasawui otna. Mi akhana awui theikakhuichi shitkasangli mahamsang mara da sai chihaosa. Ava awui kaphaningchi mashunga da khuichingda miwui kaphaningchi matheimi mara. Laga mi akhana apam atamwui athishurda ot masapai mara kachiwui theikakhui lei chihaosa, hila phasawui ningai papamma.

Proho Jesuli khuisangda Mangla Kathara samphang hailala ithumhi phasa khavaiya mi sathada phasawui ningai leipapam haowa. Ithumna khamashungwui thangmetchi singkhui akha manglawui ningaichi lei, kala makhamashungwui thangmetchi singkhui akha phasawui ningaichi lei. Ithumna phasawui ningai khalei tharan Mangla Katharana khamashungwui thangmet leikhavai masrar mana.

Chiwui vang eina Romans 8:5-8li kapihai, "Kaja phasawui athishurda kharinga athumna phasawui ot mangli ningsanga. Kha Manglawui athishurda kharinga athumna Manglawui ot mangli ningsanga. Phasawui athishurda zat akha thira, kha Manglawui athishurda zat akha chingri kahai kala kharing samphangra. Kaja phasawui athishurda kazatta mi chiya Vareli yangkashiyana, ana Varewui ain mashurmana, kasala masarar mana. Phasawui athishurda kazatta athumna Vareli ningyang maung ngasakrar mana."

Passage hina kahangva ithumwui phasa ningai sakakhai tharan manglawui level samphangra kachina. Phasawui apongli khalei binga khikha masararmana, kaja athumwui ningai, tuimatui kala acham arambinghi Varena mamaya mana.

Phasawui ningai eina Vareli makhamaya hakmeithui kachi chanchamva I Samuel 15li samkaphang Awunga Saul hina. Amaleknao bingli rai sada khikha saikora sakhayangser haolu da Varena ali kasoi. Hi athumna atam akhali Vareli makhamayawui saman akaikhana.

Kha Saulna rai yuikahaiwui thili Vareli mikhavaina chida khamatha shakei kapangkhuida shimli khui-unga. Ana sathat haoga machila Amalekwui awungalila tuk-unga. Ana awui ot kasachi mili chitheingai. Hithada phasawui ningai manga eina Vareli ngakaishi haowa. Awui makapha china mikla matheithuda phasawui ningai chili ngaphumda vathi haowa.

Phasawui ningai khalei kachihi ithumwui wuklungli makapha khalei vangna. Ithumwui wuklungli khamashungwui thangmet leiakha phasawui ningai malei mara. Khangacha eina phasawui ningai makhalei binghi manglawui ningai lei. Athumna Mangla Katharawui akhon eina thankhami chili shurda Varewui otli theishappa.

Hithada sada ithumna makaphachi malei ngasak khavai khamashunga thangmet Varewui tuichi leingasakki kachina. Hi sakida Varewui tui eina ithumwui wuklunghi ngatangkhuira. Atam hitharan ithum khalattawui ningai hili manglawui ningai china mahut saki kachina. Ithumna khikha kathei tharan bichar kala kachipat kathahi masa mara kha athumli khamashung eina sara. Ithumna mibingli kapha, leikashi kala khamashung eina masa khala kachihi yangchingki kachina. Hithada sada ithumna mangla rarsang shapra.

Kapha Mibingli Hatkakhui

Chansam 4:23li hanghai, "Ning mazinlak eina hailu, hiwui eina kharing ura woka." Katang makhavai mirinwui ura chiya wuklungna da hina hanga. Ithumna luili atha yaosanga, laga china kharda athei matheiya. Chiwui thili ithumna hatkhuiya. Hithada ithumwui wuklungli Varewui atha yaokasang eina chi kharda manglawui athei matheida hatkhuiya.

Mirinwui ura Varewui tuichi wuklungli yaokasang tharan apong khani einaot saya. China ithumwui wuklung eina morei chuishok-hailaga athei mathei khavai ngachonna. Bibleli ningkhami kachungkha zangda lei, kha athumchi apong matili leiserra: Salu; masalu; hailu; kala ot kaikha horhaolu. Chancham sada yuikashi kala makapha apong saikora horhaolu da Biblena hanga. Laga 'Masalu' kachiwui chanchamhi 'Mayang kharing alu' or 'Bichar masalu' kachi sapai. Ithumna hili thi kashur eina ithum wuklungwui eina morei phurshokra. Hiwui kakhalatva Varewui tuichi ithumwui wuklungli zangda leithao khalei wuklung katha sangasakka kachina.

Kha ithumna ngaleichi chuihailaga ngasam haosi kacha aremma ngasa haora. Chuikahai ngalei chili ithumna kapha kala khamashungchi yaosang phalungra, chiwui eina Mangla Katharawui athei chiko, Beatitudewui sokhami kala manglawui leikashichi matheira. Athei khamathei kachihi khikha salo da kaso kahai chili kahang khangana chili kahangna. Ithumna Varewui tui athishurda kharing tharan athei matheira.

First part 'Ngatangkakhui' chapterli hangkahai Manglawui mi khangasa kachihi ithumwui wuklung kasem kachina.

Ithumna ngalei chuikhaida chiwui eina ngalung kala khawo bingchi khuishok hailaga leithao khalei lui semkhuiya. Hithada ithumna phasawui otbing kala phasawui ot kasa hikathahi khuishok hailaga 'Salu' kala 'Masalu' kachi Varewui tui chili kahang nganaki kachina. Mi kachivawui makapha leiserra. Hithada ithumna makaphawui angayungchi phurshokka. Chancham sada mi akhana yuikashichi phurshok kahai atharan chili khangayur ningkakachai, makhaning tui khamatui, kala makhamashung katonga hila phurshokser haowa.

Ithumna malung khavatwui angayungchi phurkashok tharan katei makapha yur chila phurshoknar haowa. Ithumna malung khavat-hi khuithuihai khavai seiha sakha chi khuithui haishap khavai Varena Mangla Kathara mi. Ithumna thangkachida Varewui tuili khangyur tharan Mangla katharali zangda phasawui apong ngazansang haowa. Mi akhana thangkhali tharashida malung vatda da khuisa, chiwui eina chiko, shini, phanga shida suitada naoda shimanchao haora. Hi kasahi ithum wuklungwui makapha saikorachi horhaida wuklunghi leithao khalei lui katha ngasa khangasak kachina. Hiwui kakhalatva ithumwui wuklunghi manglawui wuklungli kha-on kachina.

Mataimeithuida leishilu, pheomilu, kateili otram ngathalu, kala Prohowui zimiksho mayonlu kachi Varewui tuichi ithumwui wuklungli lingsangki kachina. Hili makapha horhaira kachi eina ithumli khamashung mang leihaora kachi maningmana. Makapha horhai khaleoda kapha hiya ngalangda rahaoki kachina. Hithada ithumwui wuklungli kapha mang kathei tharan ithumhi manglawui mina da khuipai.

Manglawui mi ngasakhavai ithumna makapha akha horhaoki kachi chiva haophok khare makaphawui khangacha china. Hiwui makaphahi leithaowui asak avatli chncham sapai. Hiwui makaphahi 'Chi' kachi mirinwui pangshap manga eina ava ava bingwui eina kharana. Laga ithumna rarsangda leilaga makapha sahaikha khangacha eina mapha phalung mara. Ithumwui alungli khalei makaphawui khangachahi theipailak machi mana, chili theikhui kida saklakka.

Ithumwui makapha kaikhahi horhailala alungli khalei makaphawui khangacha chiya horhaokida saklakka. Hi sakida ithumna thukalak cina seiha sara.

Kachi katha atamli manglawui rarkasanghi ngasam kahai ngavai. Hi ithumwui makapha khangacha chinana. Khawochi khuishok haosa chikha arong sakatek mang maningla ithumna angayung phurshok phalungra. Hithada ithumna manglawui wuklung semkhuisa chikha makaphawui khangachachi angayung eina phurshok phalungra. Hithada sada ithumna manglawui mi ngasa khaleoda ithumwui ningchuk-hi mashung haora.

Phasawui Pheichon Khayun

Manglawui miva wuklungli makapha malei mana, kala athumma manglana pemhaoda atam kachida ringpha chinga. Kha hina kupchao kahai maning mana. Athumwui phasawui pheichon yunra. Chiya mi akhawui asak avat, maning akha khangacha chili yangki kachina. Chancham sada kachi kathava khangarongana, kha kachi katha liva lukhamashan malei mana. Kaikhana mili mitheilakka, kha athumwui chanchamva makashimla sapai.

Hikatha asak avat hina manglawui aponglila zapapam haowa. Hi phahonli machu kakahai kathana. Machu kahaikha ngasalala khangachawui machuchi mashoklui mana. Phasawui asak avatchi makaphana da makhuipai mana, chithalala ithumna horphalung haora. Makapha makhalei wuklunghi mathalak eina ngalei chuikhai kahai manglawui lui kathana. Hili atha yaokasang tharan mathalak eina athei matheiya. Chieina ithumna hili manglawui wuklung hoi.

Awunga Davidna phasawui apongli okthui kahai tharan kasui rahaowa. Thangkhava Davinda Joabli mishan khuingasakka. Hiwui kakhalatva raili vakashap mi kashanna. Chi Varewui miktali mamashung mana kachi Joabna theida Davidli vangasan luiya. Kha Davidan mangana sangthu mana. Chiwui eina Varewui malung khavat tashungda mimao khara eina mi kachungkha thihaowa.

Davidna Vareli katheiya mi akha sada kathada chithada shok ngasak-hao khala? Awunga Saulna Davidli atam kasangkha kharomzatda kala Gentilenao bingli tarakha shida rai sai. Atam akhali awui nao mayara akhanala ali kharomda sathat naikhaya. Kha atam kasangkhawui thili awui political situation mathasang haira kachi eina mibingla chungsangda ngasamkakhui samphang haowa. Ara chiwui eina mi kachungkha leihaoda ana langsongailak haowa.

Chi Shongza 30:12li kapihai, "Nana Israelnao bingwui mipha kashan chitharan athum avava khalatta ngatang man miphalungra kaja kashan chitharan athumwui ngachaili sa kazat mara khavaina." Mishanwui thili Varena Israelnao bingwui mashing theikhavai akhashida mi shanlu da kasoi. Chi Varena ngasomiman sada mi kachivana kachikat ot sakhavai kasana. Mishan kakhuili morei malei mana; chi atamwui athishurda sapai serra. Kha mi kchungkhawui eina samkaphang pangshapchi Varewui eina kharana kachihi theikhui ngasakngai chinga.

Kha Davidva Varena makasolala mishanchi khuihaowa. Hi kasa eina Vareli machihan ngaila awui shipai kachung chili chihan haowa. Hithada Davidna yonhaira kachi kathei eina ngalangda Vareli ning ngatei, kha hitamli ana kachot kachang kachungkha samphang hairasai. Israelwui apam kachivali mimao rada mi 70,000 shikha thihaira sai.

Mi chiyakha thikahaichi Davidwui khayon mang eina khara maningmana. Kha Varena khikha theikhui ngasak khangai vang chithada kashokna. Hiwui tungli Davidnala Vareli maningla awui shipai bingli chihan haowa.

Kachi katha atamli mikumowui theikakhui liya morei maningmana chilala Varewui miktaliya morei sahai kasa ngavai. Hi tharmihailala mi akhana atam akhali phasawui ot sasa haida chithada phaning kahaina. Hithada phasawui apongchi maleilui khavai Varena Davidwui manga eina Israelnao bingli phaning-ung khavai chang khayangna. Mimao kharawui maram chiya Varena malung vat-haida kashokna. 2 Samuel 24:1li kapihai, "Israelnaowui tungli Prohona mauling vatlui haida, Israella Judahla katonga mishan shankhui khavai Davidwui ningli zangasakka.'"

Mimao khara chili huikhami samkaphang bing chiva mathi mana. Chili thikahaibing chiva morei kasa mi manga. Kha Davidva awui makhaya eina mi chiyakha thikahaichi theida Vareli yang eina ning ngatei pamma. Hithada Varena sakhashili ot khani sai. Apong akhali ana morei kaphung bingli tandi mipamma kala apong kateili ana Davidwui manga eina mi kaikhali samathakhuiya.

Tandiwui thili Varena Davidli Araunah mahatli morei thar khavai kachikatwui ot sangasakka. Varena kahang athishurda

Davidna sai. Ana apam chili Varena lumashanmi kachi kachithei sada Temple akha sakakhavai sahaowa. Hithada hikatha chang khayang mgan eina David manglawui mi ngasahaowa.

Mangla Kachipuiwui Sakhi

Ithumna mangla kachipuiwui levelchi vashung nakha haira chikha chiwui sakhi sada manglawui athei kachungkha khamatheichi theira. Hi mangla kachipui samphang haira kachi eina chiwui athei mamatheilui mara kachi maning mana. Manglawui mibinga manglawui leikashi, kahorwui athei, Mangla Katharawui athei chiko kala Beatitudewui sokhami hitkathahi samphang phalungkida khaleina.

Chancham sada mi akhana 'salu' kala 'masalu' kachi Varewui tuichi shur akha apong kachivali ava mibingli mamaya khangachi malei mara. Kha chithalala mi kachivawui shitkasang athishurda manglawui athei chila ngateida mathei papamra. Chancham sada Varena ithumli leishilu da hanga. Hili kaikhana hangda khalei chiwui athishurda mili mayangkhangai ningai malei mana, kha kateinava mili otram ngathamida wuklung ngatha ngasakka. Langmeida kachi kathanava mirinhi kateiwui vang chikatta ot sai. Hikatha otsak-hi mangacheila leichingshap haikha kapha wuklung phonhaira kachi ithumna theipai.

Hithada shitksang kala otsak khangateiwui athishurda

Manglawui atheichi matheiya. Manglawui mi kaikhana 50% kala kaikhana 70% manglawui athei matheiya. Mi akhana leikashi leilapai kha self control maleirar mana, laga kahang nganalapai kha malung manimrar mana.

Kha manglana kachipui mibinga mi kachivawui mangla atheichi mathei serra. Mangla Katharana athumwui wuklungchi 100% control saida apong kachivali tacham taram hai. Athumma apong kachivali acham kapha eina sada Prohowui ot sangailakka.

Athumna kazingkha thada pangshap leilala vatwui (cotton) khamanui thada malung nimlakka. Athumma ot kasa kachivali mobingwui vang phaningmiya kala kateiwui vang mirin chikat shappa. Athumna Varewui mashunli nganinga. Athumma mina masa khara ot salu chilala 'Ei' kala 'Amen' chida kahang nganai.

Manglawui mi eina manglana chipuichao kahai mi khaniwui kasa khava mangarai mana. Manglawui mina Vareli leishi haoda kahang nganai, kha manglana chipui kahai miva Varewui kaphaningchi theida kahang nganai. Manglana chipui kahai mibinga apong kachivali Jesu thada Varewui kaphaning theishap haoda khamashunga Varewui nao ngasai. Athumma ot kasa kachivali Varewui wungramli pamda mibingli Chingrihai khavai apong samichinga.

1 Thessalonians 4:3li hithada hanga, "Nathumna tharda kala

khamathang khamarangwui eina ningkhanchao kahaihi Varewui ningkachangna." And in 1 Thessalonians 5:23 it says, "Ithumwui Proho Jeus Christa rathanghon nathumli khipanakha kaphen malei khavai chingri kahai khame Varena natghumli apong aning anangvali tharchaomi ranu kala nathumwui manglala, ningla, kala phasala mayonmi ranu."

Proho Jesu Latkhara kachiwui kakhalatva Zingkum Shini Kachot Kachang mararang lakha Awui naongara bingli rakakhui kachina. Hithada ithumna manglana chipuichaoda Proholi samphang khavai saki kachina. Ithumli manglana chipuichao haikha ithumwui phasa kala manglahi khayon khamang malei mada Proholi samphang shapra.

Manglawui Mi kala Manglana Kachipui Mili Sokhami

Manglawui mibinga mahaida phasala kapha samphanga (3 John 1:2). Athumma wuklungli makapha maleimada Varewui nao ngasachaowa. Hithada athumma kahorwui nao sada manglawui pangshap samphang shappa.

Rimeithuida athumma phasa phaoda kazat akhala malei mana. Ithumna manglawui apongli zangkhaleoda accident kala kazat kathahi Varena makarmi haowa. Ithumna rarhailala mangazan mana. Hili langda ithumli manglana chipuichao haikha ahui khangahui eina tangda malei mara, nganaozao eina leichingra.

Issacli kachikatwui chang khayang thili Abraham manglana chipuida nao kachungkhala pharaluida zingkum 140 kashungda ringa. Hiwui kakhalatva ahi nganaowungluishit haowa. ;aga okathuili Moses katha malung khanim mi maleimana; zingkum 80 wui atamli ali Varena hokhuida zingmum 40 shikha ot savaluiya. Ana zingkum 120 kashung kahai atamlila hithai: "kha mik mangazanlak mana, amaila makongkui hai" (Khalatlui 34:7).

Kakhaneli manglawui mi akhawui wuklungli makapha maleimada Satanna mauirar mana. 1 John 5:18li hanga, "Varewui nao khipanakha morei salui salui machi mana kachi ithumna thei, kaja Varewui nao mayarana ali yangmi haida makapha china ali khikha masathuk mana." Chipee kala Satanna phasawui apongli khalei mibingli chang yangda suiya.

Jobna haokaphokli awui wuklungwui makaphachi leisa haoda Varena mayamida Satanna rasuiya. Kha ana awui makaphachi theida Vareli ning ngatei. Kha ana makaphachi horhailaga manglawui apongli zangkahai einava Satan masuirarthu mana. Chiwui eina Varena rida leikasawui sharuk chili langda somi haowa.

Kakathummali manglawui miva Mangla Katharawui khon

mathada shashappa kala ot kasa kachivali Ana thanmida khamahai samphanga. Kaja athumma manglali ngachei haoda Varewui tui athishurda ringhaowa. Athumna kasasa kachivachi khamashungli pheisin sai. Athumna Mangla Katharawui thankhamichi mathada theishapta kahang nganai. Laga athumna seiha kasa tharan athumli mangahanka mirang eina tangda shitsangda poshappa.

Hithada ithumna kahang nganashap akha Varena Awui theithang khamei sangmira. Ithumna ot saikora Varewui pangli haishap-hai akha kala shikapai apongli eina tangda Varena makarmira.

Khamateli manglawui miva athumna seiha kasachi kathak eina ngahankami. 1 John 3:21-22li hanga, "Chiwui vang eina leikashiyabing, ithumwui mashun makhuina makhamaya malei akha Varewui miktali ithum lungkasan lei. Awui kahang nganada ali ningyang ungkhangasakwui vang ithumna kapopochi awui eina samphanga." Hiwui sokhamihi athumwui tungli tashungmira.

Athumma awor maleilala Varena yangmiching haida manglawui sokhami mang maningla phasawui sokhami eina tangda samphang chaowa.

Ithumna shitkasang eina seiha kasa tharan somida puitaira,

(Luke 6:38), 30 shida langda hatkhuira, laga ithumna manglawui kachipui apongli leishap-hai akha 60 maningkha 100 shikha hatkhuira. Manglawui mi kala manglana kachipui mi athumliya khamor eina mapolala ningli khalei chiwui athishurda mira.

Athumli khami sokhami maramli khamor hina mahangpeirar mana. Athumna Vareli ngayinkhui kala Varena athumli ngavammi. Hithada Laa 37:4li kapihai, "Proholi ningyang unglu, ana nawui ningkachang mira," Varena mikharan lupala, aming kazatla, pangshapla, kala phasa kaphala athumna samphang shappa.

Hikatha mi hiya khikha khavat maleithu kida personal level eina seiha masalak amna. Chiwui vang eina athumma kazing wungram kala khamashung khangarong, langmeida Vareli makathei athumbingwui vang mang seiha sapamma. Athumwui seiha chiya Varewui miktali nganamkapha won-nganam thai. Hithada Varena athumli ningyang unglakka.

Manglana kachipui levelli zangkahai bingna seiha pangla eina sada matakhak kahai ot sashappa. Hiwui maramli Otsak 1:8li kapihai, "Kha Mangla Kathara samkaphang chitharan, nathumna pangshap samphang lakra. Chieina nathumna Jerusalem lila Judea ngalei katonga lila Samaria lila kala okathuiwui akatanga eina tangda iwui vang sakhi sara." Hili hangkahai thada Varena ningyang kha-ung eina tangda athumna Vareli leishi shappa, laga

Bibleli ngashit kahai athishurda athumna samphang shappa.

Chapter 2
Varewui Haokaphok Ningrin

Kachangkhatwui ringkapha, khamathan, ningkashi kala leikashi maramli matheila Varena Adamnli maokthui ngasakngai mana. Hina maram sada kashi kapha theikhavai thingrong kharngasakta phasawui apong theikhui khangasakna.

Khiwui vang eina Varena mikumoli mangla sada masemhai sathu khala?

Freewillwui Khamataiya kala Ning

Mikumo Kasemli Ningrin

Vareli Awui Naongara bingna Tekmateingasak ngai

Mikumoli ngatangkhami kachihi phasawui apong chiwui eina manglawui apong chili hangkha-ung kachina. Ithumna hi matheila thada church kakahi kakhalat malei mana. Mi kachungkha Mangla Kathara eina mapharaluishitla church kangarokta lei. Chiwui vang eina athumna huikhami samphang haira kachihi matheichao mana. Vareshiwui shitkasangli kharingwui ningrinhi huikhami samphang khavai mang maning mana, kha shiman kahai Varewui zakyuichi ngatang kakhui kala Awui naongara sada mirin peichaoda masochikatlaga kharing kachina.

Ara Varena Adamli semhailaga ngatang kakhuiwui otsin singkaka hiwui khamataiya ningrinchi khikhala? Haokaphok 2:7-8li kapihai, "Chiwui thili Varena ngaleiwui chifa eina mi akha sakhuida anatangkhurli kharingwui mangla marisangmi; chieina michi kharing ngasa haowa. Kala Varena zingshoshong Edenli Yamkui akha sakhuida ali chili chipamma."

Kazing eina okathuihi Varena tui eina matuida semma. Kha

mikumo liya Awui pangna semma. Laga kazingrao bingli mangla sada semma. Khiwui vang eina mikumoli chifa eina semkhui hao khala? Khiwui vang eina mikumoli mangla sada rilak eina masemsahai makhala? Hili Varewui special salak kahai plan lei.

Khiwui vang eina Varena mikumoli mangla sada masemhai sathu khala?

Mikumoli chifawui eina maningla mangla sada semhaisasi kaja phasawui maramli khikhala mathei thangmeisa mara. Adam eina Eveli mangla sada semhaisasi kaja Varewui kahang nganada kashi kaphawui thingtheichi mashaisa mara. Leithaowui asak avat-hi nathumna chili khi sangda semkhala kachili lei. Manglawui mi akha salaga Adamna khiwui vang eina makapha sahao khala kachihi ali chifawui eina semhaoda kachina. Kha ana haokaphokwui eina thuida makapha sahaowa kachi maning mana.

Eden yamkui hiya manglawui apam ngasahaida Satanna Adamwui wuklungli phasawui khangachachi masangmirar mana. Kha Varena Adamli freewill mihaida awui ningkachang sashokngasak kahaina. Hithada ana kharinga mangla akha sasalala phasawui ningkachangchi leihaowa. Chieina atam kasangkhawui thili Satanwui kasui chili mayahaowa.

Varena ali freewill khamiwui maramma mikumoli ngatangkhui khavaiwui plan kasana. Ali freewillchi mamisasi kaja kailka eina tangda phasawui apongli mazangsa mara. Laga mikumoli ngatang kakhuiwui planla maleisaki kachina. Mikumowui vang ngaran kahai athishurda ngatang kakhuiwui otsinla singkaphalungki kachili tahaowa. Hithada Varena theivaser haida Adamli mangla sada makasemna.

Freewillwui Khamataiya kala Ning

Haokaphok 2:17li hanghai, "Kha kashi kapha theikhavai thingrongwui atheichi mashaipai mara, kaja nana chi shaithang thira." Varena Adamli ngalei chifa eina semda freewill khamiwui kakhalat kahakka khaleina. Hi mikumoli ngatangkhui khavaiwui planna. Hithada mikumona ngatang kakhuiwui manga mang eina Varewui naongara sashappa.

Rilak eina freewill manga eina Adamli morei razanga, laga kakhaneli ana Varewui tui mashurthu mana. Varewui tui kashur kachi hiya ithumwui wuklungli hailaga otsak eina sakashok hina.

Kachi kathana laklui lakluida morei sapamma, kaikhana khanishi makamana. Hi ithumwui ningli khaleina. Varewui tuichi ningli kahaiwui khamataiya chi Adamna matheisthuda moreihi ali razang haowa. Hanglaksa chikha Varewui tuihi ithumna ningli hailaga chiwui athishurda kharing manga mang eina manglawui apongli zangkashapna. Chiwui vang Varewui tui kashur phai kachina.

Khangacha morei manga eina mangla thikahai bingna Jesu Christa kala Mangla Katharali khuisangda athumwui manglachi ringlui ngasakpai. Chiwui eina athumna Varewui tuichi kasha eina ot salaga athumwui mangla pharakhui. Hithada Varewui tui kasha eina chiwui athishurda ringlaga mangla ngatang kakhui kachihi khamataiyana.

Mikumoli Kasemwui Purpose

Kazingramli Vareli kahang khangana kazingrao kachungkha lei. Kha athumma mikumo thada phasa maphon mana. Athumma athumwui freewillchi maleimana, chiwui vang eina Varewui leikashi aman kasakchi mathei mana. Hithada Varewui leikashichi theikhavai mikumoli semhaowa.

Mikumoli Varena semkahai eina hunnakha ringphasai. Ningshithei khavai Adamli khamor kala Varewui tui shakhavai khana kangasakka. Apuk apakawui khamatha theida Vareli tekmatei khavai mik kangasakka.

Hithada Varena mikumoli kasemwui purposeva ali

ningshithei khavai kala Awui leikashichi theikhavaina. Okathui eina kazingramli khalei ot katongawui khamathachi Awui naongara bingli theingasakngai. Athumli katang mavaila ringpha ngasakngai.

Phongkhami Lairikli katang mavaila Awui naongara bingna masochikatta khokharumchi ithumna thei. Athumna kazingramli kazang tharan Awui kathukka khangaranchi vatheida khikha masathei mada Vareli masochikatta khorumra.

Mikumoli kharinga mangla sada phasa phon ngasaklaga semma. Chiwui eina athumna ringkapha ringkashi kala kachot kachang saikorahi samphangda ning katong eina ningshi kathei kala masochikat kathei Varewui naongara ngasakhuiya.

Adamna Eden Yamkuili leilaga Varewui naolakka kachihi matheisa mana. Ali khamathawui apong mangli tamchitheida makapha kala morei kachihi matheisa mana. Ringkashi kala kachot kachang hiwui kakhalat matheisa mana. Eden Yamkui kaho apam hiya manglawui ngasa haida kakhanang ringkashi kala kathi kahola malei mana.

Hina maram sada Adamna kathiwui kakhalat mathei mana. Ana chiyakha mailemda ringlala ringkapha khamathanla maleimana. Ava ningkakachai kachihi matheithu mada leikashila mathei mana. Hithada ana ringkapha kala ringkashi matheila khanao eina tangda Varena maringasakngai mana. Hina maram sada kashi kapha theikhavai thingrongchi Eden Yamkuili kharnasakta Adamli chiwui alungli okthui ngasakka.

Phasawui apongli theida Varewui naongara sakahai binga mangla kala khamashungwui aman kasakchi thei. Athumna katang makhavai mirin chiwui vang ningshila marar mana. Hithada ithumna Varewui kaphaningchi kathei eina khiwui vang thingtheichi shaingasakta kachot kachang mikhala kachiwui questionhi mangahanrar mana. Kha Awui nao Jesu Christali khamiwui vang ithumna ningshithaya.

Vareli Awui Naongara bingna Tekmatei ngasakngai

Varena mikumoli huikakhuihi Awui naongara kasem mang maningla Ali temkatei ngasakngai. Isaiah 43:7li hanga, "Iwui tekmatei khavai ina sakahaibing, kala iwui ming eina theikahai bing saikora kazip ngasakra." Laga 1 Corinthians 10:31 lila hanga, "Zalala, manglala, kasasa saikora Vareli tekmatei khavai salu."

Vareva leikashi kala mashunwui Varena. Ana kazingram eina katang makhavai mirin mang maningla ithumli huimi khavai Awui naohochi mi. Hina maram sada Vareli tekmatei ngasak ngayiya. Kha Varena tekhamatei mang makhuingai mana. Ali tekmatei ngasak khangaiwui maramma ali tekmatei khangasak bingli Anala tekmatei ngasakngaiya. John 13:32li hanga, "Varewui tekhamateichi awui eina phongmi akha Varena a khalatawui lungli Miwui nao mayaralila makahat lakla tekmatei ngasakra."

Ithumna Vareli tekmatei khangasak tharan ithumli mataimeida somi, laga Ana ithumli kazing wungramla ngaranmi. 1 Corinthians 15:41li hanga, "Zimikwui khamatha akhana kala sirabingwui khamathala akhana, kala sira eina sirala khamatha ngatei ngarokka."

Kazing wungramli kazang tharan ithumna apong ngatateida ringkapha samphangda okthuira kachiwui maramli hangda lei. Chili panda kayakha ringphada ringra khala kachihi ithumna morei kayakha masamada kathar eina okthuisa khala kachili lei. 'Chitharanu' da sakhashi mikahai mirinchi mangacheilui mana.

Varena kachangkhat Awui naongarali mangla khaleiya mi sangasakngai. Varena Adamli freewill mida kashi kapha athei shaikhangasak kachihi manglana kachipui mi shokngasak khangai vangna.

Mili mikumo sada kasemwui purpose alungli aruihon

khipa mameina ringda leira khala? Hiwui purposehi mathalak eina theikha Adamwui moreina maram sada sashiman khahai Varewui zakyuichi ngatangkhuilui shapra. Ithumna khamashung eina matui, thei, sha, kala ot sara. Hina Varena ithumli Awui naongara sada semlaga rinkapha eina okathui ngasak khangaichi. Kachangkhat Awui naongara bingna okathui hieina machansam kapai apongli kazingramli vapanra.

Chapter 3
Khamashunga Mikumo

Varewui zakyui khuida ithumli semkhuiya. Varewui ningkachang chiya ithumna Awui zakyuichi ngatangkhui lakha Awui khangarumli zangasak ngaiya kachina.

Mikumowui Saran

Varena Enochli Khangaso

Abraham Varewui Ngasotnao

Khalattali Langmeida Mosesna Awui Mibingli Leikashi

Pao Kazatda Paul Vare thada

Ana Athumli Vare Hoi

Ithumna Varewui tui athishurda ringakha khamashung thangmetna pemting kahai rida Adamli leikasa manglawui wuklungchi samphangshapra. Mikumowui saran hiya Adamna sashiman kahai Varewui zakyui ngatang khuilaga Varewui khangachali khangarum hina. Varewui tui shada hakashok, Varewui ot kathei, kala matakhak kahai ot sada Vareli theikhangasak athumbinghi thangkhamei mina da Bibleli hanghai. Athumbing hiya chuimeithui kachi Varewui naobingna (Laa 82:6).

Thangkha Babylonewui Awunga Nebuchadnezzarna mang akha shimanda malung katunglak haowa. Ana khimang khala kachi mahangla magic sakathei kala Chaldeannao bingli khalatlo da hanga. Varewui apong maningla hi mikumowui vanga masakapai otna.

Ara Varewui mi Danielna awungawui mangchi khalatmi khavai poi. Hithada Varena ngayashong Danielli hangchithei. Chieina ana awungali vahanga. Chili Awunga Nebuchadnezzarna Danielli kui mashungzangda khorumma, laga ali nganam kapha thaomilu da kasolaga Vareli masochikatda.

Mikumowui Saran

Awunga Solomonna maiyalak eina ringphada okthuisai. Ashava Davidna semka kahai wungram chiwui manga eina pangshap leilak haokada khongnaiwui ngalei bingna ali khaya shilakka. Hithada awui atamli wungramchi tekhamatei hangkhavai malei mana (1 Wungnao 10).

Ana atam kha leilaga Varewui lukhamashanchi malai haowa. Ot katongachi awui pangshap eina kasa thada thei. Ana Varewui tuichi malaihaida Gentile ngala khuihaowa. Awui khanaowa zimiksho eina tangda Gentilewui ngala khuisanga. Mataimeikapta ana Gentile ngalawui kaphaning samida meoma semkhuilaga khorum haowa.

Varena ayarwui vareli mashur alu da khanishida hangmazinna, kha Solomonna manganasangthu mana. Naolak eina Varewui malung khavat tashungda Israel wungramchi akai khani shokta ngakai haowa. Awui sakhangangai salaga naoda ana ning ngateida hangphatda, "'Aremmawui aremma' da hashokmena hanga, aremmawui aremma, saikora aremmana" (Hashokme 1:2).

Ana phaning-ungda hithada hanga, "Naomeikapta, saikora shahaira, Vareli ngacheelu kala awui ningkhami mayonlu, hi mina saphalungki kachi otna." (Hashokme 12:13, KJV). Mi akhawui saran ot hiya Vareli khangachee kala Awui ningkhami khamayon hina da hanga.

Hiwui kakhalatva khikhala? Vareli khangachee kachi hiya makapha makasa hina. (Proverbs 8:13). Ali leikashi binga makapha masamana kala Awui ningkhami mayonna. Hithada ithumna Varewui mangkahai zakyuichi ngatangkhuida Prohowui wuklung katha samphanga. Ara Vareli ningyang ungkhangasakka awo ayi bingwui chacham kha yangsa.

Varena Enochli Khangaso

Varena Enochli zingkum shakathum ngayurda kharing eina khuithui haowa. Moreiwui samanna kathina kachina. Kha Enochli kharing eina khuithui kahai hiwui kakhalatva ahi morei maleimana kachina. Awui wuklungchi Varena ningchang kapai akha sada semmi haowa. Chiwui vang eina ali Satanna khikha masararthu mana.

Haokaphok 5:21-24li kapi kahaichi hithai: "Enochna kum 65 kaka eina Methuselahli pharai. Methuselah phara hailakha Enochna Vareli ngavaplak eina kum 300 okthui kala khangatei shanaola mayarnaola pharakhui. Chithada Enochna zingkum 365 okthui. Enochna Vareli ngasoda okthuisai, laga maleisa thuwa, kaja Varena ali khuithui haowa."

'Vareli ngasokazat' kachiwui kakhalatva Varena ali ngayurra kachina. Zingkum shakathum Enochna Varewui kaphaningli okthuiya. Ana kazazatli Varena ngasomi.

Vareva kahor, kapha kala leikashi china. Hikatha Vareli

ngasozat kida ithumwui wuklungli kapha eina leikashi leiphalungra. Enochna morei okathuili okthuiya kha ava tharzari hai. Ala okathuili pao kapha hashokka. Jude 1:14li hanga, "Adamwui nao pharat kashine Enochna athumwui pongli rida maranhai kasa chiya yanglu, Prohona kathara kazingrao thingthingli ngasoda rara." Hithada ana Proho Latkhara kala Bichar chiwui maramli mili hangchithei.

Enochna Varewui vang khikha kahakka ot sahaowa kachi Biblena mahanglak mana. Kha kathar mirin eina ana kharing vang Varena ali ningyang unglakka. Chiwui vang eina ana nganuida leilaga khuithui kahaina. Chitamli mibinghi zingkum 900 langda ring ngaroksai, kha ali 365 zingkumli khuithui haowa. Hitamhi a nganuilak sai.

Hebrews 11:5li kapihai, "Shitkasang mang eina kathi kaho mathei khavai Enochli Varena khuika haowa. Varena khuika haoda khipakhana ali masamphanglui thuwa. Enoch mathiranglakha ana Vareli ningyang ungasakka da kathara lairikli hanghai."

Arui eina tangda Varena ithumli kathar mirin ringasakngai. Hithakha ana ithumlila ngayur mira.

Abraham Varewui Ngasotnao

'Shitkasang Ava' Abrahamwui manga eina Varena ithumli kachi katha nao sangasakngai khala kachi theingasakngai.

Abrahamli 'sokhamiwui ura' kala 'Varewui ngasotnao' da hoi. Ngasotnao kachihi nathumna shitsangda khikha chihan kapaiya mina. Hangsa chikha Abrahamna Vareli mashitsangchao ranglakha eina tangda samathami. Chiwui eina kathada Abrahamna Varewui ngasotnao ngasahao khala?

Abrahamna 'Ei' kala 'Amen' chida kahang ngana chinga. Ana awui ramchi horhaiphungda zatlu da kakaso tharan kali varakhala kachi matheilala ana thung sada zat-haowa. Himang maningla ana miwui kanna khavai otla samizatda. Ana Lotli ram eina tangda kapangri ngasakka. Kachangkhatva ana avakhara akha sada kapangri haipai, kha chimatha mana.

Abrahamna Haokaphok 13:9lihanga, "Lam katongahi nawui malei mala? Ini ngateida pamsa. Nana wuishong khuiga chikha ina yashong khuira, nana yashong khuika chikha ina wuishong vara."

Abrahamna ning kathar vang eina Varena somira da tuingashit sahai. Haokaphok 13:15-16li hithai, "Nana kathei apam saikorahi ina nali kala nawui ara azali mashimanda mira. Nawui ara aza chifa yakha ngasa ngasakra kaja mina chifa shankhuishap akha nawui ara azala shankhui shapra."

Lotna kapam Sodom eina Gomorrahli thangkha awunga kaikha ngarumda rai ratai. Chili Abrahamna awui raimi shakathum tharada chishat khuiphungda Dan ngalei eina tangda kharomvai. Ana ngaponthui kahai ot, shanao mayarnao kala Lot athumli vakankhuiya.

Hili Sodomwui awungana Abrahamli ningkashi sada khikha ot mida hithada hanga, "Kaja kazairanao akha eina tangda, pheihop kharanao kala nawui ot akhala makhui mara, naoda nana Abrahamli ina shang khangasakna chipaishina." (Haokaphok 14:23). Awungana khami otchi makhui khangayiva maning mana, kha ava Varewui sokhami manga eina kharingna kachihi chithei khavai ana khi otkhala makhuithu mana. Hithada ana ning kathar eina kharinga vang Varena ali puitaida somi.

Varena Abrahamli anao Isaacli phahaolo da kakaso tharan mathan thathup Vareva kathili ringshok khangasak Varena da shitsangda ngalangda mayai. Hiwui eina "Ina nali somida nanao ngara ara aza kazingli khalei sira yakha kala kongwui situi yakha ngasa ngasakra. Kala nana iwui kahang khanganawui vang nawui ara azabingna yangkashiya bingwui ngavei khavangra, kala okathui miyur saikora sokhami ngasara" da hangda shitkasangwui avā sangasak haowa (Haokaphok 22:17-18). Langmeida Isaacwui naothot eina huikhamiya Jesu pharara kachila tuingashit sahai.

John 15:13li hanga, "Ngasotnao bingwui vang mangla chihokhami hili langda leishi khamei malei mana." Abraham a khalattali langkhameiya anao Isaacli phahaolu kachichi Vareli leikashi phongkashok sada ana chithangai. Hithada awui shitkasang manga eina ali Varewui ngasotnao hoda mikumoli ngatangkhui khavai chancham akha sangasak haowa.

Vareva sashap pangshappa ngasa haida ot katonga mishappa. Kha mikumona ngatangkhui khamiwui otsin manga eina athumwui seiha ngahankami mamanda athumli somiya. Thada miser machi mana.

Moses A Khalattali langmeida Mili Leishi

Mosesna Egyptwui awunga sada leilaga awui mibingli kankhavai kasa eina Egyptwui mi akhali sathat hailaga Pharaoh wungpam khongwui eina yamthui haowa. Chiwui eina ana zingkum hangmati lamhangli yao hompam haowa.

Mosesna Median kaphungli yao homda leilaga ridawui thada masala malung nimlakka. Varena ali rada Awui nao bingli Egyptwui eina vakankhuilo da kasoi. Mosesna chi saklak eina phaninglala mayada Pharaohli vahaowa.

Israenao bingwui kasa khavachi theilaga Mosesna athumli vakankhui khavai khamayachi kayakha ning kahak khala kachihi ithumna thei. Athumwui kasa khava chikha Mosesli eina tangda ngalung thamkida makhangachee mina.
 Athumna mangkhavai tara masamkaphang tharan ngawunlop eina complain sai. Athumna tara samphang kahai tharan zat maleithura da complain salui. Varena athumli kazingramwui eina manna khami tharan sa mazangthura da complain saluiya. Laga athumna Egyptliya zakhangangai samphangzaya da mannali

mana kashi sada hanga.

Chiwui eina Varewui mai ngareithui haoda lamhang chiwui phara rada athumli ramakeimiser haowa. Kha Moseswui seiha manga eina athumli kankhamili tai. Hili langmeida Varena Mosesli atam kasangkha ngasomiya kachi theiya, kha atam hunnakha a makhalei eina athumna meoma sakhuida chili khorumluishit haowa. Hithada Gentile naobingna athumli makhao ngasakka amnglawui apong eina. Chili Mosesna athumwui mahut sada chapngachada seiha sai. Athumli pheomida kanmi khavai awui mirin chikatmi, kha athumna Varewui lukhamashanchi malai haowa.

Shongza 32:31-32li hithada kapiya:

Chieina Mosesna Proholi latvada hanga, iyavo mibing hina kahakka morei sahaira, sina eina athumwui kameo sakhui. Kha ara athumwui morei kha pheomilu, chi maning akha nawui lairikli kapi kahai iwui mingchi khuishokmi haolu!"

Hili athumwui ming kathara lairikwui eina khuikashok kachihi mahuimida matang mavaila Meifali chapkhangacha samphangra kachina. Moseshi hi mathada theishappa. Chiwui vang eina ana athumli pheomi khavai awui mirin eina tangda chikatngai haowa.

Mosesna sada khaleihi theida Vareli khi phaning marao khala? Hi theida Vare ningyang unglak haowa. Ana awui seiha kasa shamida ngahankami, laga athumli kanmi haowa.

Diamond akha lei chihaosa. Pangkhum rikha hakta mathalakka. Chili chirikha kahak ngalungla kachungkha lei. Kachipana aman sakmei da khuirakhala? Ngalung kachungkhalala khipa khana diamondchi mangathahai mara. Hithada ngatangkhamiwui otsin ungshung khangasakka Mosesna yarui millionli mamataimei mana (Shongza 32:10).

Mishan 12:3li Moseswui maramli hithada kapihai, "Moses hiya okathuiwui mi katongali malung nimkhamei mina" kala Mishan 12:7li Varena hangluiya, "Kha iwui rao Mosesli chi maning mana, ali iwui shimkhur katonga mayon khavai shina kahaina."

Mosesli Varena kayakha leishi khala kachi Bibleli hanghai. Shongza 33:11li hanga, "Chithada sada mi eina mi ngasotnao chan khangazek thada Prohona Mosesli maingaiiatta chan ngazekka. Mosesna campli latkhaung chitharan yaonao akha, Nunwui nao mayara Joshuana kachon shimchi machihohailak mana." Laga Shongza 33li Mosesna Vareli ngakaoda shamiya kachi kapihai.

Pao Kazatda Paul Vare thada

Pao kazatda Paulna mirin peida Prohowui vang ot salaga ana sakahaichi phaning-ungda ning matunlakthu mana. Chiwui vang eina ana mathanthathup ali chang khayangchi mayada hithada hanga, "Kaja pao kazatbingwui ngachaili I teomeikappa. Varewui churchli yangkasaiwui vang pao kazatda mahongayi mana." (1 Corinthians 15:9).

Ali phatopli tuknarra, kachungkhala shaomiya kala thinakhala shok shok chiya. Phangashida Jehudi bingna ali thing eina thumrada chiko shikhala shaomi. Kathumshida mari einala shao, akha shida ngalung eina thammi, kala kathumshida ana katonga jahaz kaihaowa, chili ngayi lungli ngaya akha kala ngashun akha da pisanga. Ana ram zatching haoda yireiwui, khali kasa bingwui eina, ramnao bingwui eina, Gentilenao bingwui eina cityli kala lamhangli zat eina tangda mazazatla kala kashi samphangchinga.

Awui kachot kachangchi 1 Corinthians 4:9li kapihai, "Kaja iwui theikakhuili pao kazatda ithumliva khayonna mi thada yarui mangali shaothat khavai apuk apakvawui kazingraobing kala mibingna ngahorda yanganao khavai thada Varena teolak kahai pamli haiyada nathumna kaphaningchi thei."

Khiwui vang eina Varena Paulli chiyakha ringkashi samphang ngasakngaihao khala? Chi Varena ali kapha sangasak khangai vangna. Paulli sathatki kachi atamli Vare maningla khipakhali chihan khavai malei ngasak mana. Ana Vareli hamsangda mathanchinga. Ana a khalattali pheinai sahailaga kapha mi sakhavai hotnai.

Paulhi kachot kachang samkaphang manga eina kapha mi

ngasathui kahaihi chansam sapailakka. Chiyakha kala kashi samaphanglala ana ning suikata masalak mana. Ana awui church kala chiwui mibingli leikashichi 2 Corinthians 11:28li hithada hanghai, "Saikorachi hailaklaga thangkachida ina church katongawui vang phaning khamiwui malung kharing lei."

Laga Romans 9:3li awui mina ali sathat khavai kasali ana hanga, "Kaja phasawui pongli iwui theisabing kala ichina ngarawui phakhavai athumwui eina ili Varena khonshida Christawui eina ngatei ngasak haowa chilala khikha malei mana." Hili 'ichina ngara' kachihi Jihudi kala Pharisee bingli kahangna.

Otsak 23:12-13li hanga, "Akhama katha ngathor Jehudibing china Paulli mashaothat ranglakha maphaza maphashak marada ngathumda tuingashit akha sangarokka. Ngathum tuingashit kasa chili mi hangmati langa."

Paulna kalikha eina tangda athumli maringkapha masalak mana. Ana athumli kapikta sazakhavaila masalak mana. Kha ana thada pao hakashok kala Varewui pangshap samkaphang vang athumna ali sathat khavai tuingashit kakhuina.

Thalala ana kahui masamphanglala mina kahui samphanghaikha chida mirin chikatlaga athumwui vang seiha sami zatda. Hina maram sada Varean ali pangshap sangkhamina: ana ali makapha sakhavai hotkhana bingwui vang mirin chikatda kapha sakhavai sai. Hithada Varena ali matakhak kahai ot sangasakka; awui handkerchief sakaza manga eina makathar mangla yamhaowa kala kazat kashi kachungkha raihaowa.

Ana Athumli Vare Hoi

John 10:35li hanga, "Kathara lairikli kapi kahaihi mashimanda mashungra kachi ithumna thei, kala Varena chikatha bingli kameonao hoi, chikatha bingli ana awui chanpao miya." Ithumna Varewui tui khuida kharing eina manglawui mi ngasaya. Laga hikatha manga eina Varena ningkachanga mi sashappa.

Shongza 7:1li kapihai, "Kala Prohona Mosesli hanga, Yanglu, ina nali Pharaohli Vare katha sangasak haira, kala nachina Aaronna nawui maran sara." Laga Shongza 4:16 lila hanga, "Nawui vang ana mibingli hangmira, kala a nawui khamor ngasara, kala nana awui vang Vare katha sara." Kapi kahai thala Mosesli Varena mayamida mibingwui mangali Vare thada nganing ngasakka.

Otsak 14li mirinli kazat msamphang lakrang kaji mi akhali Jesu Christawui ming singda nganing ngasakka. Ana nganingkada kazat eina mi kachungkha matakhak haowa: "... kameona mizak khuida ithumli tashung haira" (Otsak 14:11). Hili hangkahai thada Vareli ngayurda kazat binga phasa phonlala Vare thara.

Chiwui vang eina 2 Peter 1:4li kapiya: "Hithada sada okathuili leida khalei sashiman kapai khamathangwui eina yamshokpai khavai kala Varewui tharkhamatheng khangacha chili ngarumpai khavai ana ngashitmi kahai kasakka lemmetchi mihaira."

Ithumna Varewui khangachali ngarumda tangkhamangwui pangshap alungli khalei phasawui apongli makazang kala Manglali kaphara kachihi Varewui ningkachang lakka.

Ithumna manglali kachipuiwui levelchi kazanghaikha kashungchao haora. Hi Adamwui moreina maram sada Varewui zakyui shiman kahaichi ngatangkhuilaga Varewui khangachali khangarum kachili kahangna.

Ithumna hiwui levelli kazang khaleoda Varewui pangshapchi samphangshap haora. Varewui pangshap chiya Awui mibingli khamina (Laa 62:11). Awui pangshap samkaphang kachiwui khutamva Mangla Katharawui manga eina matakhak kahai ot sashapra.

Ithumna hikatha pangshap samphangkha mashan kharara mangla ngatangkhuida huikhami samphngra. Mangla Katharawui manga eina Peterna matakhak kahai ot kachungkha sai.

Thada preaching kasa eina mi thing phanga huikhuiya. Ngakheikhang kahai mibingli Varewui pangshap khalei kachi hiya Kharinga Varechi athumli ngasoda lei kachina. Hitamli mibingna shitkasang samphanga.

Mibingna matakhak kahai achuk matheirang eina tangda mashitsang mana (John 4:48). Chiwui vang eina mibingna Varehi kharingana, Jesu Christahi huikhamiyana, Kazingram eina Meifa lei kala Biblewui khamashung khangarong hili shitsang khavai Varena Awui pangshap kachitheina.

Chapter 4
Manglawui Apong

Bibleli mibingna manglawui apongli theikakhui maramli hanghaida lei. Hi ithumna kathiwui thili samphangki kachiwui mangla apong chila zanga.

Pao Kazatda Paulna Manglawui pongli Kathei

Bibleli Chithei kahai Katang Makhavai Manglawui Apong

Kazingram eina Meifa Leikachang khatda

Thikahaiwui Thili Mahuikhami Manglabing

Zimik eina Kachangwui Tekhamatei Ngatei Khangarok

Kazingramhi Eden Yamkuili Machamsam kapai

New Jerusalem, Kachangkhat Naongara bingwui Lemmet

Varewui zakyui ngatangkhui hailaga thikahai binga manglawui apongli han-ung haowa. Phasawui apong mathala manglawuiva katang mavai mana. Ithumna chiwui asan, aret, kala kachuichi matamrar mana.

Chiyakha kahak manglawui apongchi akhum khani sada khaihai – Varewui kahor space eina makathar mangla pamkhavai tangkhamang space. Kahorra spacehi shitkasang manga eina khui samphang kahai Varewui naongara bingna pamkhavaina. Hebrews 11:1li hanghai, "Mik eina makathei otli ning nganungda chihantit kachihi shitkasangna." Manglawui apong hiya mikna matheirar mana. Masili mikna matheirarlala leiphalunga. Hithada ithumwui shitkasang kala kachihan hina manglawui apong lei sakhi sai.

Shitkasang hina manglawui apongli zangkhavai shongfana. Hiwui manga eina ithumna Vareli samphangshappa. Shitkasang eina mangla Vareli chan ngazekka. Manglawui khana kala mik manga eina ithumna Varewui tui kasha samphanga kala kathei samphanga.

Ithumwui shitkasanghi mataisang maman kazingramwui kachihan kala Varewui kaphaningchi thukmeida theimamanra. Ithumna Awui leikashi kathei eina kasainakha mapamrar mara. Langmeida ithumna mapung kapha shikasangchi leihaikha phasawui apong makhaning manglawui apong china pemtha haora. Kaja hitamli Varena ithumli ngasomi haowa.

Pao Kazatda Paulna Manglawui pongli Kathei

2 Corinthians 12:1li manglawui maramli Paulna hanga, "Langkasona tongkaza maleilala ina langsora. Kha ara Prohona khami vision kala phongkhamiwui pongli ina hangara." Hi ana Third Heavenli khalei Paradise vakathei maramna.

2 Corinthians 12:6li ana hanga, "Ina langso khangaihi mangkhamawui vang maning mana, kaja ina khamashung tui khamatuina. Kha iwui eina theikakhui, shakakhui chili langda ili sakmeida maphaning khavai malangsongai mana." Pao kazatda Paulna manglawui apong kachungkha theida Varewui eina phongkhami samphanga, kha ana kathei katonga mahangser mana.

John 3:12li Jesuna hanga, "Ina okathuiwui ot hanglakha nana ili mashitsang akha kazingramwui ot hanglala nana ili kathada shitsangra khala?" Sakhangatha bingna Jesuna kasa matakhak kahai ot kachungkha theialala mashitsang chaorar mana. Athumna Proho ringshok hailaga mik eina kathei chiwui thili mang shitsangchaowa. Chiwui thili athumwui mirin chikatlaga pao kapha hashok zat-haowa. Hina Paullila mapung phada ot sangasak haowa.

Paul thada ithumla manglawui maramli theikhui khavai apong maleimala? Lei. Rimeithuida ithumna manglawui apongli kahao phalungra. Hi leikhavai Varewui leikashi theiphalungra.

Bibleli Chithei kahai Katang Makhavai Manglawui Apong

Bibleli ithumna manglawui maramli kapi kahai apam kachungkha samphanga. Adamli kharinga mangla sada semlaga Vareli chan ngazekshappa. Awui thilila maran kachungkha shokta Vareli chan ngazekka kala Awui khonla direct eina sashappa (Haokaphok 5:22, 9:9-13; Shongza 20:1-17; Mishan 12:8). Marakhali kazingraona rada pao rahanga. Kharinga sayur matiwui maramlila kapihai (Ezekiel 1:4-14), cherubim (2 Samuel 6:2; Ezekiel 10:1-6), meiwui sigui kala sigui gari (2 Wungnao

2:11, 6:17), hi manglawui apongli kahangna.

Red Ngayi akhum khani shokngasakka. Varewui mi Moses manga eina lungharwui eina tara shokngasakka. Joshuana seiha sada zimik kachang nganing haowa. Elijahna seiha sada kazingramwui eina mei rotangasakka. Ana awui saran katonga sakup kahaiwui thili kazingramli khuka haowa. Hi ithumwui mik eina theikapai apongli manglawui apong kachitheibing china.

Hili langda 2 Kings 6li Aramwui shipai bingna Elishali ratuk kakhui tharan awui rao Gehazili manglawui mik phonmida Elishali kankhavai meiwui sigui kala garibingna kuinamhaida khaleichi theiya. Minister bingna ngaranda Danielli shangkhawui akhurli horsanga, kha kazingraona khamor khalapmi haida khikha masazangasak mana. Daneilwui ngasotna kathumlila awungawui kahang makhangana vang khangachali shini shida sakhamei meilungli horsanga. Kha athumwui kuisam eina tangda machui mana.

Varewui nao Jesuna mikumo sada okathuili rai, kha ana manglawui ot katongachi kupsangmiya. Ana kathili ringasakka, kazatyur kachungkha raimi, kala tarawui tunglila zatda. Langmeida ana ringshok kahaiwui thili awui sakhangatha khanili Emmaus shongfali samphanga (Luke 24:13-16), kala sakhangatha bingna shimlungli pamda leilaga zak rachithei luishitda (John 20:19).

Hi phasawui apong eina masakapai manglawui apong bingna. Hina kachitheiva phasawui apongna masakhararchi manglawui apongna sashappa kachina. Hithada mik eina theikashap phasawui apongna makharar maram kachungkha manglawui apong eina Jesuna ot sai.

Kazingramwui citizenship khuikahai Varewui naongara bingna manglawui maramli kahaoki kachina. Jeremiah 29:13li hangkahai "Nathumna ningsanglak eina phakha ili samphangra" kachihi hikatha mibingli kahangna.

Ithumli self center, khalattawui mashun kala kaphayet hikathahi maleithura chikha ithumla manglawui apongli zangda Varena manglawui mik phonmi shappa.

Pao kazatda Johnla sakhangatha tharada khaniwui ngachaili zanga (Phongkhami 1:1, 9). AD 95li Roman Emperor Domitianusna ali ratukkhuida ngatarda khalei taralungli horsanga. Kha mathithuda ali Aegean yireiwui Patmos Islandli vahaihaowa. Ana apam chili pamda leilaga Phongkhami Lairik-hi kapi shokka.

Kathukka phongkhamihi samphang khavai Johnna chiwui qualificationchi leiphalungki kachili tahaisai. Qualification chiya makapha apong maleila Prohowui ningkachang wuklung saphalungra. Hithada ana Mangla Katharawui manga eina sakchangda seiha salaga Varewui kathukka tuichi phongmiya.

Kazingram eina Meifa Leikachang khatda

Kazingram eina Meifahi manglawui apamna. Ina Manmin church shokhaleoda seiha kasali Varena kazingram eina meifa ili chithei. Kazingramwui rinakapha kala khamathachi khamor hina mahangpai mana.

New Testament atamli Jesu Christali huikhamiya sada khuisang kahai bingna morei pheokhami samphangda huikhami samphanga. Rimeithuida athumna thikahaiwui thili Upper Graveli vai. Chili kathumthang pamda manglawui apong theikhui ngasakka, laga chiwui eina kazingramli khalei ngarai khavai apam Paradiseli vapam haowa. Shitkasang Ava Abrahamna Proho maringshokrang eina tangda Upper Gravewui incharge sasai. Hina maram sada Bibleli kachamma Lazarusna Abrahamwui makali kapamchi kapi kahaina.

Jesuna krush tungli thikahaiwui thili Upper Graveli pao kapha hashokka (1 Peter 3:19). Pao hakashokwui thili Ana ringshokta chili khalei mangla bingchi Paradiseli khuiva haowa. Apam chili huikhami samkaphang mangla bingna Paradise ayarli khalei ngarai khavai apamli vachipam haowa. Great White Throne Judgmentwui thili athumwui shitkasang athishurda ngaranmi kahai apam chili vapan haora.

Mikumoli ngatangkhami otsinwui thili Great White Throne Judgmentli ithumna sakahai kapha kashi maram saikorawui vang bichar sara. Hi hakhamaha bichar sahaoda Great White Throne Judgment hoi (Phongkhami 20:11).

Hiwui bicharhi Proho Jesuna okathuili latralaga Millennium Kingdomwui thili shokki kachina. Kahui samkaphang mangla bingna bichar chili saman samphangra, laga katei bingna tandi samphangra.

Thikahaiwui Thili Kahui Masamkaphang Manglabingwui Mirin

Jesu Christali mashitsang mada kahui masamkaphang mangla bingli meifawui messenger khanina thanthui haora. Athumna Lower Grave vazang khavai kathumthang hokshim katha apamli vapamra. Athum liya kachot kachang mangna ngaraipamda khaleina. Kathum thangwui thili moreiwui athishurda tandi samphang khavai athumli Lower Graveli khuivara. Lower Gravehi kazingram thada hakshunna, laga chili mangla haikhavai apam kachungkha lei.

Great White Throne Judgment mashokrang lakha Lower Graveli khalei mangla bingna tandi ayur kachungkha samphangra. Tandi bing chiya aka akai maningkha sayur kateina phasa ramakei kazamra, kala meifawui messengerbing china rekharek pamra. Great White Throne Judgmentwui thili athumna meiwui ngayi chili vahaora (hi sulfur kachui ngayi dala hoi), laga katang makhavai tandi samphang pamra (Phongkhami 21:8).

Meiwui ngayi apamli samkaphang tandichi Lower Graveli samkaphang tandi chili langmei kharra. Meifawui meiva sakachang khatda. Brimstone kachuiwui ngayi chiwui kasa chiya khangachawui kasali shini shida samei. Hiwui tandi hiya mapheomi kapai morei kasa; chancham eina Vareli manakashi kala Mangla Katharali kachipat hikatha hina.

Meiwui ngayi or brimstone kachui meiyui ngayichi thangkha Varena ili chithei. Apamchi nganamshirut kahai ngakheikhang kahai apamna. Kachi kathaliva athumwui malung eina tangda kala kachi kathaliva akahung eina tangda chuiphumma. Meiwui ngayi chili chapkhangach akhon mang shaya, kha brimstone kachui meiwui ngayi chiliya ngasheina haida mangla bingchi ngahuipamma. Hikatha apamhi leiphalunga kachi ithumna shitsangda Varewui tui chili shurlaga huikhami samphangki kachina.

Zimik eina Kachangwui Tekhamatei Ngatei Khangarok

Ithumna ringlui kahai phasawui maramli pao kazatda Paulna hanga, "Zimikwui khamatha akhana, kala sira bingwui khamathala akhana, kala sira eina sirala khamatha ngatei ngarokka" (1 Corinthians 15:41).

Zimikwui tekhamtei kathahi morei makasa, tharchao kahai kala Vareli kahang khangana athumli khami tekhamtei chili chansamma. Kachangwui tekhamatei hina zimikwui tekhamatei masamkaphang bingli khami tekhamatei china. Sirawui tekhamatei hina kachangwui tekhamatei masamkaphang kathali khami tekhamatei china. Laga sirawui tekhamatei ngatei khangarok thada kazingram zangserlala samanva ngatei ngarokra.

Kazingramli ithumna saman ngatateida samphangra kachihi Biblena hangda lei. Kazingramwui apam kala saman kachihi ithumna kayakha morei masamakhala kala shitsangda manglawui apongli zangkhala kachili lei.

Kazing wungramwui apam khangatateili kazang kachihi ithumwui shitkasang alungli lei. Paradise hiya shitkasang teomeithui kachi bingna pamki kachina. First Heaven Kingdom hina Paradiseli chuimei, laga Second Heaven Kingdomna Firstli chuimei. Kala Third Heaven Kingdomna Secondli chuimei. Third Heaven Kingdomli Varewui Wungpamkhong New Jerusalem lei.

Kazingramhi Eden Yamkuili Machamsam kapai

Eden Yamkuichi okathui hili machansam kapai mathalak kahai apamna. Kha Eden yamkuichi kazing wungramli machansampai mana. Eden Yamkuiwui ringkapha eina kazing wungramwui ringkapha ngatei, kaja kazing wungram hiya third heavenly khaleina. Laga Eden yamkuili kapanbing chiva mikumoli ngatangkhamiwui otsinli kachangkhat Varewui nao masarang kachibinga.

Chancham sada okathuiwui mirin hiya tangkhamangli

kapan kathana, laga Eden Yamkuiwui mirin hina thaomei sarlaga kharing mirin kathana. Kala kazingramwui mirin china electric sarlaga kharing mirin kathana. Electric bulb masemrang lakha mamaza kahai thaomei singsai. Hitamli chila kannalaksai. Hithada mibingna electric bulbchi kathei eina matakhakka.

Kazingramli apam ngatateida kapan kachihi ithumna okathuili leilaga shitkasang chiwui athishurda khamina kachihi ithumna shahaira. Laga apam khangatei chiwui athishurda ringkaphala ngateingarokka. Ithumna ning ngateichaoda manglana kachipui mi ngasathang Varewui wungpamkhong khaleipam New Jerusalemlila zangshapra.

New Jerusalem, Kachangkhat Naongara bingwui Lemmet

Jesuna John 14:2li "Ishavawui shimli pamkhavai ka kachungkha lei," da kahang thala kazingramli apam kachungkha lei. New Jerusalemli Varewui wungpamkhong lei, laga chingarada huikhami samkaphang bingwui vang Paradise apamla lei.

New Jerusalemhi 'City of Glory' chidala theikhui. Hi mathameithui kaji apamna. Ithumli Varena huikhami samkaphang mang maningla konung chili zangasangai (1

Timothy 2:4).

Lui khavanao akhana khamatha athei mang mahatkhuirar mana. Hithada New Jerusalemli mazangkharar athumbingwui vang Varena Paradisewui eina haophokta First, Second, kala Third Heaven Kingdom ngaranmi hai.

Paradise eina New Jerusalem khanihi ngashi shim eina awunga pamkhavai shim khangatei kathana. Ava avabingna naongarali khikha kapha mikhangai thada Varena mibingli Awui nao sada New Jerusalemli zangasakngai.
Varewui leikashihi mi kaikhawui vang mang maningmana. Hi Jesuli khuikasang katongali mikahaina. Kha kazingramwui apam, saman kala Varewui leikashihi shitkasang chiwui athishurda ithumli ngatateida mi.

Paradise, First Kingdom, or Second Kingdomli vaki kachi bingna morei makasamang maningla kachangkhat Varewui nao ngasa kahaina. Anagangnao bingna ava ava bingwui maramli matheikharar chithada Varewui kaphaninghi ithumna matheirar mana. Chiwui vang eina Varewui leikashi eina mashunwui manga eina kazingramli apam ngatateida semkhamina. Zingkum ngaraikacha ngasotnao bingli khangasona ringphakhamei chithada shitkasang level ngaraikacha bingna kazingramli ngasoda ringpha papamma.

New Jerusalemli kachipam kachihi Varena mikumoli ngatangkakhuiwui otsinli mapung kapha athei samkaphangwui sakhina. Konung chiwui shimphung ngalung tharada khanichi Varewui naongara bingwui kapha wuklungli chansam sai. Pearl gate hina pearl ngalung shokhavai kakharakwui khangashei thada ngatangkhamiwui otsinli kachot kachang khangkahai bingwui khutamna.

Athumna pearl gate khamakan eina kazingramli zangkhavai kachot kachang samphang kahai katongachi phaning-ung ngasakka. Athumna sinawui shongfali kazat tharan atam akhali okathuili shitkasangwui shongfa phakakhuichi phaning-unga. Kazingram shimwui asan aret kala decoration china atam akhali oakthuili athumna Vareli kayakha leishi kala tekmatei ngasak khala kachi phaning-ungasakka.

New Jerusalemli zangkashap bingwui wuklungva tharchao haoda Vareli mai eina mai samphangshapra. Athumli kazingrao kachungkhana sheba sada katang mavaila ringkapha samphangra. Apamchi mikumowui ningna maphaningrar mana.

Okathuili lairik yur kachungkha khalei thada kazingramlila

lairik ayur kachungkha lei. Chili huimikahai bingwui aming kapisang khavai lairikla lei. Laga naoda eina tangda phaing-ung khavai ithumna sakahai ot katonga kapi kahai lairikla lei. Lairik chiwui coverchi khaya kalakka kala sinawui machuna. Mi akhana sakahai ot katonga kapiser hai kala video eina haikahai recordla lei.

Chancham sada Abrahamna Issacli phakhavai kasa, kazingramwui eina mei khuikta Elijah, Danielli kazingkhawui khamor eina kankhami kala Danielwui ngasotnao kathumli meina makachui hikatha maramhi kapihai. Hithada Varena ithumwui otsak kapangkhuida kapihai. Chili Varewui naongara bingna ringkapha eina yangpamda Vareli masochitkatra.

New Jerusalemwui konungli Varena thanda zatkhangla khangra. Kala Proho, Mangla Kathara, laga maran Elijah, Enoch, Abraham, Moses kala pao kazatda Paul athumbing nala zatkhang khangra. Laga athum khalatta zatkhang khangarokra. Zatkhang kakhang kachihi kazingramwui ringkapha mirinna. Apamchi khamathan, ningkhan, kala tekhamatei samphang khavai apamna.

Okthuili eina tangda ithumna decoration sada zatkhang khangarokka. Kazingramlila chitha papamra. Kazingramwui zatkhangli kazingrao bingna laa sada dance kathala sachitheira. Varewui naongara bingla laa kasali ngarumra. Chieina zatkhang atamli ringkaphana pemra. Laga athumna ridawui awo ayibingli samphangda khararchan sanganaora.

Prohona kakhang zatkhangli vakazang tharan shitkasanga bingna sari mathada sakazat haira. Prohohi ithum manglawui makham kahaiyana. Awui makham kahaiva bingna Prohowui shimli vazang-ukida zatta leilaga kazingrao khanina sinana kasem gateli samngarok khuira.

Shim chiwui phakhochi gemstonena decoration sai. Phakhowui atungli khamatha awonla wonhai, laga nganam kapha won-nganamla mishokka. Athumna zangmaman musicwui akhonna pemma. Chiwui akhon china kathukka wuklung vashungchaowa. Htihada athumna Varewui leikashichi phaning-ungda ringkapha eina masochitkat thaiya.

Kazingraona thanda sinawui shongfali zatmamanda leilaga athumwui ning ngathaya. Athumna shim nganaimaman Prohona shokngarok kakhuichi thei. Chili ngalangda athum chara tahaowa, kha athumna Proholi vasamphang khavai ngaheida ngasam ngarokka.

Prohona mi avavali vamkhuimi. Athumli welcome sada hanga, "Ralu! Iwui makham kahaivabing! Welcome sada lei!" Athumna Proholi 'Ithumli hokhami vang ningshi haira' da hanga. Chiwui eina Prohowui pang singda yao-ung yaova nganaowa, laga kashap eina tangda khararchanla sakhuiya.

New Jerusalemwui mirinchi leikashi, khamathan kala ringkaphana pemma. Ithumna Proholimai eina mai samphangda khararchan sara. Chi kayakha ringkapha mirindo! Hikatha ringkaphahi samphang khavai ithum manglana kachipui mirinli ringkhavai hotna phalungra.

Hithada sada kachihanhi eina ngasoda manglawui apongli zangkhavai, ot katongawui sokhami samphang khavai, kala phasa mangla khanini mahai khavai sasa, laga kashap eina tangda tekhamatei konung New Jerusalemli khalei Varewui wungpamkhong chili kahaoda okthuisa.

Kapime:
Dr. Jaerock Lee

Dr. Jaerock Leehi 1943li Korea Republic wui Jeonnam Province Muanli pharai. Zingkum makali zatlaga Dr. Leehi zingkum shini maraikapai kazat kazapamda marailuimarada phaninglaga kathi honpamma. Thasayilala 1974 lumkacang ra-uki kachi atamli thangkha ashachonna church akhali hovalaga chili ana khuktida seiha vakasa eina ngalangda awui kazat katonga kharinga Varena raimi haowa.

Atam chitharan Dr Leena hikatha matakhak kahai otshok hi eina kharinga Vareli samphangda hiwui eina Vareli nganailak eina okthuida 1978li Varewui rao akha sakhavai kapangkhui haowa. Varewui kaphaning kala kahang nganada ot sashap khavai ana thuklak eina seiha sapam chinga. 1982li Korea wui Seoul konungli ana Manmin central church shohaowa kala chili mashan kharar Varewui matakhak kahai kazat raikhami ot tarakha shokka.

1986li Korea wui Annual Assembly of Jesus' Sungkyul Churchli Dr. Leeli pastor akha sada ordain samiya laga zingkum matiwui thi 1990li haophoklaga Far East Broadcasting Company, Asia Broadcast Station, kala Washington Christian Radio Systemna awui sermon Australia, Russia, Philippines kala apam tarakhali broadcaste samiphok haowa.

Zingkum kathumwui thi 1993li Manmin Central Churchli Christian World magazine (US) na "World's Top 50 Churches" wui alungli chan-ngasak haowa, laga Christian Faith College, Florida, USA li Honorary Doctorate of Divinity samphanga kala 1996li Ministry kasa wui Ph. D. Kingsway Theological Seminary, Iowa, USA li tamkhuiya.

1993 wui eina Dr. Leena Tanzania, Argentina, L.A., Baltimore City, Hawaii, kala New York City of the USA, Uganda, Japan, Pakistan, Kenya, Philippines, Honduras, India, Russia, Germany, Peru, Democratic Republic of the Congo, kala Israel ngalei hibingli crusade meeting kasali tarakhashida vathanna. Laga Jerusalemli ICC Israel crusadelila Jesu Christahi Messaiahna da hashokta Uganda CNNli chithei. 2002li khangarumma okathuiwui crusade tarakha sakazat wui vang Koreawui major Christian newspapersna ahi "worldwide pastor" da phongmiya.

2010 Septemberli Manmin Central Churchhi member 100,000 langhaowa. Ramli kala miramli Koreawui konung bingli church khalei zangda 9,000 church leiya kala ngalei 23li United States, Russia, Germany, Canada, Japan, China, France, India, Kenya, kala kateilila zangda missionary 133 chihoda lei.

Lairik phongkaphok wui eina thuida Dr. Leehi Mathiranglaga Katang Makhavai Mirin Khamazap, Iwui Mirin Iwui Shitkasang I & II, Khrush wui Pao Kapha, Shitkasangwui Khantam (Measure), Kazingram I & II, Kazeiram, kala Varewui Pangshap hibinghi zangda lairik 60 kapihaira. Awui otbinghi tui 44 langmeida khalatshok haira.

Awui Vareshiwui columnhi the Hankook Ilbo, The JoongAng Daily, The Dong-A Ilbo, The Munhwa Ilbo, The Seoul Shinmun, The Kyunghyang Shinmun, The Hankyoreh Shinmun, The Korea Economic Daily, The Korea Herald, The Shisa News, kala The Christian Press li zangserda lei.

Dr. Leehi aruiruiva missionary organization kala association tarakhawui kathanna sada lei: The United Holiness Church of Jesus Christ wui chairman sada lei; Manmin World Mission wui President sada lei; The World Christianity Revival Mission Association wui Permanent President sada lei; Manmin TV wui Founder na; Global Christian Network GCN wui Founder kala Board Chairman na; World Christian Doctors Network (WCDN) wui Founder kala Board Chairman sada lei; kala Manmin International Seminary (MIS) wui Founder kala Board Chairman sada lei.

www.ingramcontent.com/pod-product-compliance
Lightning Source LLC
LaVergne TN
LVHW021807060526
838201LV00058B/3265